GÉOGRAPHIE ABRÉGÉE.

Par JOSEPH VALLART,
Prêtre.

A PARIS,
Chez ROBINOT, sur le Quai des Augustins, près de l'Eglise.
M. DCC. XLIII.

Avec Approbation & Privilege du Roi.

PRÉFACE.

JAMAIS les avantages de la géographie n'ont eté aussi généralement conus qu'ils le sont maintenant. Come l'histoire est l'étude favorite de la plupart des honêtes gens, la géographie qui est apelée l'oeuil de l'histoire, devient pour eux d'une nécessité absolue. En effet, c'est la géographie qui nous done une idée générale de la terre, de sa figure, de son etendue, des parties qui la composent, de leur union entr'elles, & des diférens etats dont chaque partie est composée. C'est la géographie qui représente à notre esprit & met devant nos ieux les empires, les roiiaumes, les viles & les lieux où se sont passé les grands evénemens que nous lisons dans l'histoire. Aussi cette sience n'a-t-elle jamais eté aussi à la mode qu'elle l'est aujourd'hui. Elle fait partie de celles auxquelles on aplique la jeunesse, à qui on veut doner ce qu'on apelle une belle education : & la jeunesse de l'un & de l'autre sexe montre toujours pour la géographie le même goût & la même ardeur.

Mais quoique le goût de la géographie n'ait jamais eté ni aussi décidé ni aussi général, il se trouve néanmoins un assez petit nombre de persones qui y aient fait certains progrès. Quelle en peut être la cause ? Ce n'est certainement pas que cette sience ait des dificultez, puisque pour l'aprendre il sufit d'avoir des ieux & de savoir lire. Ce n'est pas non plus manque de goût & d'aplication dans ceux qui l'aprennent, puisqu'ils y consacrent avec plaisir plusieurs mois, temps qui est plus que sufisant pour la savoir jusqu'à un certain point. A quoi donc attribuer ce peu de progrès ? Aux méthodes qui sont entre les mains du public & dans lesquelles on etudie la géographie.

Qui dit une *méthode*, dit un moiien sur d'apprendre une chose & avec plus de facilité & en moins de temps ; il dit des secours nouveaux qu'on n'auroit point sans cela. Or si l'on examine suivant cette idée ce grand nombre de méthodes dont le public est accablé depuis un siécle, il ne s'en trouvera pas une seule à laquelle convienne ce beau nom. C'est ce que je vais montrer : & come c'est le seul amour du bien public qui a mis la plume à la main des auteurs de ces méthodes, c'est ce même amour qui m'engage aujourd'hui dans cette critique. Au reste on ne verra ici que quelques petits échantillons tirez d'une préface raisonée qui sera à la tête d'une géographie détaillée pour laquelle le privilége est obtenu depuis près de deux ans.

I. Come c'est dans la géographie du Père Buffier, ouvrage beaucoup plus méthodique que ceux qui avoient paru jusqu'alors, & qui ont paru depuis : que j'ai apris les elémens de cette sience, par reconoissance je n'examinerai point ici la méthode de ce Père. Ce n'est pas que les fautes y manquent : il y en a raisonablement, & je pourrois même citer telle page où il n'y a peut-etre pas un seul mot à laisser.

II. Come je n'ai point la géographie de M. Noblot, je n'en saurois faire la critique : j'en ai eu pour quelques heures le premier volume en mains, & j'ai eté très scandalisé d'un petit trait d'histoire par où il comence la description de l'Angleterre. Quand on a à choisir come il avoit, on doit laisser tout ce qui choque egalement le bon sens & l'honêteté D'ailleurs come on ne sauroit doner à la géographie qu'environ deux ou trois mois, son ouvrage qui fait six ou huit volumes est trop long, outre qu'il est composé sans méthode.

III. La méthode géographique de M. le François dédiée à Mlle. de Crozat est plus courte, mais elle est aussi faite sans aucune méthode. Un exemple va en faire la preuve : Je le prends à la page 280. où il marque les viles du cercle de Westphalie. Voici ses propres termes.

Les principales viles de ce cercle sont Cologne, *archévéché*, *impériale*, *anséatique*, *université*. Aix-la-Chapelle, *impériale*. Munster, *evéché*, *fort*. Liége *evéché*. Osnabrug *evéché*. Juliers, *fort*. Clèves, Wésel.

Qu'on voie toutes ces viles sur la carte, & on verra qu'elles sont dans la plus grande confusion. Quiconque aprend la géographie cherchera surement Liége dans la Westphalie, & come elle n'y est pas, il ne l'y trouvera jamais. En auroit-il couté davantage à ranger ainsi ces viles. Les viles de ce cercle sont, sur la Meuse, Liége, à son est-nord-est Aix-la-chapelle & Juliers : on trouve le long du Rhein en le remontant Clèves, Wésel & Cologne. A l'orient de Clèves en tirant un peu au nord, sont Munster & Osnabrug Voilà de l'ordre & de la méthode, au lieu du désordre & de la confusion que ce méthodiste a mis dans son ouvrage. Dans mon arrangement on sait où porter ses regards ; au lieu que dans le sien deux heures ne sufiroient pas pour trouver seulement huit viles.

Sa méthode a encore le défaut d'être un recœuil de mile petites fables : par exemple à la page 63, il s'exprime ainsi. *La Some* (riviére de Picardie) *a cela de particulier qu'elle ne gele jamais en hiver.* S'il avoit dit qu'elle ne gelle jamais en eté il auroit dit une vérité ; mais ce privilége n'auroit point eté particulier à cette riviére seule. Dans les grands hivers come ont eté ceux de 1709 & de 1740, elle gelle si bien que l'on charie de sus.

IV. Une autre géographie dont j'ai eu pendant quelques jours le premier tome, est celle d'Abraham Dubois. Elle est en quatre Tomes *in-4°. imprimée à la Haie en 1736.* Le premier, qui ne comprend qu'une partie de l'Europe, est de 528 pages. Il n'y a aucune méthode dans l'ouvrage : pour ce qui est de l'exactitude, on va en juger par quelques echantillons pris de la description de la Picardie.

Page 124 col. 1. *Corbie est une bone place avec une importante forteresse.* Il y a là deux fautes : il n'y a point de forteresse à Corbie, & cette bone place est une misérable bicoque.

Dourlens est une vile très forte : la vérité est que Dourlens est une vile très-foible, mais la citadelle, dont cet écrivain ne dit mot, est très-forte.

Péquigni est une vile médiocre ; c'est bien assez que ce soit une médiocre bourgade.

Nêle est une petite vile, mais très-bien fortifiée. Je puis assurer M. Dubois que Nêle est une vile extrémement délabrée, & sans aucune fortification.

Chaune & Brai sont de petites viles. Chaune & Brai sont des vilages.

La Fère est une bone & grande vile, défendue par une forte citadelle. Voici ce qui en est ; la Fère est une vile, mais petite & sans citadelle.

S. Quentin est une assez bone vile. Peste du visionaire, qui voit sans cesse ce qui n'est pas, & qui ne voit pas ce qui est. La Fère qui n'a qu'une seule Paroisse, encore est-elle petite, est une grande vile, & *S. Quentin* qui est au moins cinq fois plus peuplée que la Fère, & qui est sans comparaison & plus belle & plus riche, *est une assez bone vile* ? Suivons notre auteur & voiions le parler toujours au hazard.

Moncornet est une vile de grandeur médiocre, belle & fort peuplée. La vérité est que Moncornet est une petite vile, qui n'est ni assez belle ni assez peuplée pour mériter ces beaux noms.

Page 125. col. 1. *Gamache est une belle vile sur la Bresséle, bien fortifiée & fort peuplée.* Il y a cinq faussetez dans ce peu de paroles. 1. Il est faux que Gamache soit une vile, puisque ce n'est qu'un bourg. 2 Il est faux que ce soit un lieu qui mérite le nom de beau. 3. Il est faux que Gamache soit sur la Bresséle; puisque la riviére qui y passe s'apelle la Brêle. 4 Il est faux que ce soit un lieu bien fortifiee, puisqu'il n'y a pas seulement l'ombre de fortification. 5. Enfin le peuple qui se trouve à Gamache n'est point assez nombreux pour qu'on puisse dire que c'est un lieu fort peuplé.

Montreuil est une belle & grande vile: Voici ce qui en est: Montreuil est une vile qui n'est ni grande ni belle.

Pont de Remi est une bone petite vile: s'il avoit dit: Pont de Remi est un médiocre vilage, il auroit dit une fausseté de moins,

Calais a une forteresse nomée Richebonne, qui passe pour imprenable: c'est du Risban qu'il veut parler, mais la forteresse de Calais s'apelle le Fort Nieulai, & non le Risban, encore moins la *Richebonne*.

Guise au confluent de la Serre & de l'Oise. C'est la Fère qui est au confluent de ces deux riviéres; pour Guuise elle est plus au nord, & sur l'Oise seulement.

On voit par ce que je viens de citer, que cet ecrivain invente sans cesse, qu'il ne rêve que citadelles, que viles extrémement fortes, en un mot que c'est un visionaire. D'ailleurs son ouvrage, à en juger sur la façon dont il y est parlé de bien des lieux, etoit composé plus de vingt ans avant que d'avoir eté imprimé, & il a eté imprimé sans avoir eté revu auparavant.

V. En 1740. M. Panckoucke fit imprimer à Lille une nouvelle méthode de géographie. On va juger à un seul trait du peu d'exactitude de ce nouveau méthodiste. Voici come il marque le cours du Rhein.

„ Le Rhein passe par le lac de Constance, par „ Schaffouse, Bâle, Huningue, Schlestat, Stras-„ bourg, Fort-Louis, Haguenau, Landau, Philis-„ bourg, Spire, Manheim, Frankendal, coule vers „ Maïence, traverse ensuite l'electorat de Cologne, „ passe à Bonn, Cologne, à Dusseldorp, à Kei-„ serwert, à Weser. Au fort de Schenck, il se par-„ tage en deux branches, dont l'une sous le nom „ de Vaal coule vers Nimégue, Bommel, où il se „ joint à la Meuse qui lui fait perdre son nom. „ L'autre sous le nom d'Issel passe à Doèsbourg, à „ Zutphen, Déventer, & se jette dans le Zuyder-„ zée après s'être divisé à Arnhem, dont une bran-„ che se nome le Leck. " Voiions maintenant les fautes que M. Panckoucke a faites dans cette description.

Le Rhein, dit-il, *passe à Schlestat*, *à Haguenau*, *à Landau*, *à Frankendal.* Le Rhein ne passe par aucune de ces quatre viles; il ne passe pas même à Strasbourg, quoiqu'il en passe bien près. Ainsi voila déja cinq fautes.

Au fort de Skenck le Rhein se partage en deux branches, *dont l'une sous le nom de Vaal coule vers Nimégue*, *Bommel*, *où il se joint à la Meuse.* M. Panckoucke supose ses disciples aussi habiles que lui: il sait où est Nimégue, ce que c'est que Bommel; & par conséquent, il sait que c'est le bras gauche du Rhein qui coule vers Nimégue; mais come ses disciples sont censez l'ignorer jusqu'à ce qu'il le leur ait apris ce qu'il n'a point encore fait, il devoit mettre, *dont le bras gauche sous le nom de Vahal coule vers Nimégue*, *Bommel*, *où il se joint à la Meuse.* N'y auroit-il pas encore une petite faute dans ce monosilabe *il*, car c'est d'une des branches du Rhein qu'il parle? Et ne faudroit-il pas dire: *l'une coule vers Bommel, où elle se joint à la Meuse?* Le monosilabe *où* qui précede me fourniroit encore sujet de relever une faute, que je passe à un home qui ne s'entend pas lui-même.

L'autre branche du Rhein, dit-il, *sous le nom d'Issel passe à Doèsbourg apres s'être divisé à Arnhem, dont une branche se nome le Leck. L'autre branche*, dit-il, *sous le nom d'Issel* : cette autre branche est celle des deux que le Rhein forme au fort de Skenck, c'est à dire, la branche droite. Or cette branche droite conserve le nom de Rhein jusqu'à Arnhem, & ne s'apelle point encore *Issel*. A Arnhem le Rhein se partage une seconde fois, & alors la branche droite sous le nom d'Issel passe à Doèsbourg, &c.

Après s'être divisé, &c. C'est d'une branche, mot féminin que M. Panckoucke parle, il devoit donc dire : *après s'être divisée*, &c.

Après s'être divisée à Arnhem, dont une branche se nome le Leck. M. Panckoucke dit qu'une branche d'Arnhem se nome le Leck, il entend cependant que c'est une branche du Rhein qui se nome ainsi ; premiére faute, qui est suivie aussi-tôt d'une seconde. *Le Rhein*, dit-il, *se divise à Arnhem, & une branche se nome le Leck.* Après que ce fleuve s'est partagé une seconde fois à Arnhem, aucun des deux bras ne s'apelle le Leck : le gauche retient le nom de Rhein, & le droit se nome Issel. Ce n'est qu'après la troisiéme division de ce fleuve qui se fait à Wyckte-Duerstéde que la branche gauche qui va à Roterdam prend le nom de Leck, & la droite qui va à Utrecht : puis à Leyde, retient celui de Rhein.

Voilà douze fautes dans ce peu de lignes : ç'en est assez pour juger du mérite de l'ouvrage. Qui obligeoit M. Panckoucke à ecrire sur une sience qu'il ne sait point, & dans une langue qu'il ne sait pas mieux? Mais la qualité d'auteur à quelque chose de si séduisant, qu'on croit devoir l'acheter aux dépens de sa propre réputation & aux dépens du public, à qui on done de mauvais ouvrages qui trouvent toujours des acheteurs & des lecteurs. Car, come dit Boileau, il n'est si sot auteur qui ne trouve toujours un plus sot qui l'admire.

VI. Passons à un autre. Voici come il s'anonce, tome II. page 270.

„ Il y a à Bénevent une abaïie, mais point de „ religieux, tout le revenu aïant eté réuni à l'evé- „ ché de Québec. J'y fus en 1734, & après avoir „ bien entendu les discours de M. l'evêque de Limo- „ ges & des habitans de Bénevent, il me parut qu'on „ avoit négligé plusieurs formalitez nécessaires, & „ que cette réunion n'auroit pas lieu. " Frapé de la maniére dont cet auteur vient de parler de lui-même, je ne doute point que le lecteur ne s'écrie : Quel est donc celui-ci, devant qui un evêque d'une part, & le peuple d'une vile de l'autre *font des discours* sur une afaire de conséquence, & qui *aprés les avoir bien entendus*, a prononcé dans les mêmes termes que faisoient autrefois les juges de l'ancienne Rome, que la réunion n'auroit point lieu, atendu qu'il lui a paru qu'on avoit négligé des formalitez essentielles ? A l'entendre ainsi parler qui ne jugera que c'est un légat du pape, on au moins un intendant de province envoïé par le roi pour prendre conoissance de cette réunion & en faire son raport ? Point du tout ; c'est M. Pierre-Matthias de Gourné, prieur comendataire de Notre-Dame de Taverni.

„ Il y a (ce sont les termes de ce même auteur „ trois pages après celle que je viens de citer) il y „ a à Saint-Benoît du Sault une abaïie, où est une „ bibliotheque mal en ordre, & dans laquelle est un „ grand lit, que les Bénédictins donent à leurs hô- „ tes qu'ils considérent. Ils me firent cet honeur, „ & j'y couchai, lorsque j'y passai au mois de „ Mai 1734.

Les RR. PP. Bénédictins n'avoient garde de manquer de considération pour un home qui venoit d'entendre, & de *bien entendre* les discours de l'evêque diocésain & du peuple d'une vile voisine. Aussi le firent-ils coucher au grand lit ; & ce galant home d'hôte les a paiiez de leur considération en aprenant à tous ceux qui liront son livre trois choses egalement glorieuses pour ces pères, & importantes au public. La premiére, c'est que la bibliothéque de ces religieux est mal en ordre ; la seconde que dans cette bibliothéque, il y a un grand lit ; & la troisiéme, c'est que M. l'abé de Gourné y a couché en Mai 1734. Il me permettra, s'il lui plaît, de lui faire un petit reproche au nom du public & de la postérité, qu'il a eu en vue en mettant dans son ouvrage ce petit détail infiniment intéressant ; c'est qu'il a omis le jour du mois qu'il coucha au grand lit. Le même intérêt qu'avoit le public de savoir le mois & l'anée, il l'avoit egalement de savoir le jour du mois : mais il faut espérer qu'à la seconde edition ce dernier point sera marqué avec la même précision que le reste.

Sur ces deux echantillons pris au hazard & à trois pages l'un de l'autre, le lecteur jugera du caractère d'esprit, des conoissances & du bon sens du *Géographe méthodique* : car c'est ainsi qu'il intitule son ouvrage, qui ne doit faire que douze volumes. Pour moi, je passe à l'examen de sa méthode.

Je la cherche la méthode dans le Géographe méthodique, & je ne l'y trouve nule part. Elle n'est ni dans l'ordre des matiéres, ni dans l'ordre qu'il done aux provinces, ni dans l'ordre qu'il done aux lieux de chaque provinces. Voici les preuves de ces trois points.

1. Il n'y a pas de méthode dans l'arangement des matiéres. Il comence par diviser & subdiviser l'ancienne Gaule, & nome au hazard les paiis compris dans chaque province. Mais pour qui ecrit-il ? Il va

aprendre à ses disciples la géographie de la France, & avant que de leur avoir encore rien apris, il les supose déja parfaitement instruits, & leur parle d'un bout à l'autre de son ouvrage sur ce pied-là. Est-il entendu de quiconque n'a encore aucune conoissance de notre France, quand il decrit en ces termes, par exemple, la seconde Belgique?

„ La seconde Belgique comprenoit le diocèse de „ Châlons sur Marne, *Catalauni*; le Rémois, le „ Réthelois, & une partie du paiis d'Argone, *Remi*, „ le Soissonois & le Laonois, *Suessiones*; la partie „ de la forêt d'Ardenne qui etoit sur la gauche de la „ Meuse, *Arduenna sylva*; le Valois & le bailleage „ de Senlis, *Sylvanectes*; le Beauvaisis, *Bellovaci*, le „ Vermandois & le Noiionois, *Veromandui*; l'A- „ mienois, le Ponthieu & le Vimeux, *Ambiani*; „ Arras & une partie de l'Artois, *Atrebates*; le „ comté de Boulogne, Saint-Omer & son terri- „ toire en Artois, & une partie de la Flandre, „ *Morini*.

Je passe sous silence la maniére dont il a rangé ces paiis, les défauts qui se trouvent dans la façon dont il s'est exprimé, les paiis qu'il a omis, come par exemple le Santerre, la Tiérache, &c: je demande seulement si une persone qui ne sait encore rien de la géographie de la France, a idée de la seconde Belgique? si elle sait où est la Marne, où sont Châlons, le Rémois, le Réthelois, partie du paiis d'Argone, partie de la forêt d'Ardenne, &c? Non certes. Ainsi l'un perd son temps & sa peine à faire une géographie de douze volumes, & les autres à la lire. Je ne prétends point qu'il devoit omettre cette division & cette subdivision : elles sont nécessaires, mais elles ne sont pas à leur place, qui etoit après la description détaillée de tous les paiis du roiiaume. Alors il auroit eté entendu de ses lecteurs, qui auroient su où sont la Marne, Châlons, le Rémois, le Réthelois, &c ; au lieu qu'il ne l'est point, parce qu'il a manqué la vraie méthode.

2. Il n'y a guére plus de méthode dans l'ordre qu'il suit dans la description des provinces. Il débute par le Berri, & par la partie la plus orientale sans cependant en avertir : du Berri il monte à l'Orléanois, & de Neuvic bourg sur la Loire il saute, ou plutôt il monte à Crépi, vilage médiocre à deux lieues de Laon au couchant. Le saut n'est que d'un peu plus de soixante lieues, mais il sait que la jeunesse aime à sauter. A la vérité ce n'est point tomber dans le défaut qu'il blâme dans *tous nos méthodistes* qui font, dit-il, sauter les gens des provinces du nord à celles du sud ; mais c'est sauter des provinces du sud à celles du nord, ce qui est un défaut encore plus oposé à la vraie méthode. Cependant notre géographe méthodique s'aplaudit (à la page 164 du second tome, le seul qui me soit tombé entre les mains) de l'*ordre méthodique* selon lequel *il conduit naturellement la jeunesse dans les diférentes provinces du roiiaume, sans lui jamais faire perdre terre ; & il espére*, ce sont ses propres paroles, *qu'on lui saura bon gré d'avoir fraiié ce nouveau sentier.* Voiions s'il est plus méthodique dans la description des diférens paiis.

3. Pour cela je me borne à un petit paiis, c'est le Mantois. Il nome d'abord cinq lieux sur la Seine, & le nome de l'ouest à l'est, savoir Rosni, Mantes, Meulan, Poissi & Saint-Germain, voilà qui est naturel & méthodique ; mais come il met encore Saint-Cloud dans le Mantois, il faloit cotoiier la Seine jusque-là, & ne la quiter point après Saint-Germain, pour aler prendre Vilepreux qui est à trois bones lieues de la Seine, & revenir ensuite à Saint-Cloud. Je supose qu'on lit ceci la carte sous les ieux.

De Saint-Cloud il va à l'occident prendre Neaufle le vieil qui en est à six lieues, après avoir passé au travers de Versailles, dont il ne parle qu'après Neaufle. De Versailles il recule une seconde fois vers l'occident en prenant Houdan qui en est à huit lieues, après avoir conduit la jeunesse au travers de Montfort l'Amauri, sans y faire d'attention, mais il y revient après avoir vu Houdan. De Montfort il rétrograde une troisième fois vers le couchant & va à Dreux, qui en est à six lieux.

Qu'on juge de cette maniére de mener la jeunesse d'une vile à une autre, on verra qu'elle est justement telle qu'elle doit être pour la fatiguer beaucoup & ne lui rien aprendre. Cependant si ce géographe méthodique avoit eu seulement quelque idée de ce que c'est que méthode, rien n'étoit plus naturel que de comencer par Dreux, la plus occidentale des viles qu'il met dans le Mantois, & de là en tirant vers l'orient il auroit vu tous ces lieux en cet ordre, Houdan, Montfort, Neaufle le viel, Vilepreux & Versailles. Voilà ce qui s'apelle montrer méthodiquement la géographie : au lieu que comencer par un lieu qui est vers l'orient, passer ensuite à un autre encore plus oriental, puis reculer de huit lieues à l'occident, avancer ensuite de trois lieues à l'orient, aprés quoi reculer encore de six lieues à l'occident, ce n'est point là du tout être un géographe méthodique, mais un géographe enemi de toute méthode, & qui tue les gens en leur faisant faire le double du chemin qu'ils ont à faire.

Il y a encore deux choses propres à M. l'abé de Gourné ; la premiére, c'est qu'il marque les distances qui se trouvent entre chacun des lieux dont il parle & les autres lieux voisins ; la seconde, c'est qu'il raporte sur chaque lieu ce qu'il y a d'historique. Voiions en peu de mots coment il se tire de l'une & de l'autre de ces deux choses.

1. Les distances qu'il marque sont souvent fausses : en voici des preuves prises des trois derniéres viles dont je viens de parler, savoir Houdan, Montfort & Dreux. *Houdan*, dit il, *est à trois lieues de Dreux, & à douze lieues de Paris.* Il y a faute à l'une ou à l'autre de ces deux distances. Si Houdan est à trois lieues de Dreux, il est à treize lieues de Paris, puisqu'il va mettre à la page 188 Dreux à seize lieues de Paris ; ainsi il n'en est point à douze. Et s'il est à douze lieues de Paris, il est non à trois lieues de Dreux, mais à quatre.

Seconde preuve prise de la ligne suivante. *Montfort l'Amauri est à six lieues de Dreux, & à dix de Paris.* Il vient de dire que Houdan est à douze lieues de Paris ; sur ce pied il faut que Montfort qui est plus oriental de trois lieues soit non à dix, mais à neuf de Paris.

Troisiéme preuve. *Dreux est à seize lieues de Paris.* Si Houdan est à trois lieues de Dreux & à douze de Paris, en ce cas Dreux n'est pas à seize lieues de Paris, mais à quinze.

Mais il y a un autre défaut bien plus essentiel dans ces distances. Un exemple rendra la chose plus sensible ; je le tire de la page 277. Voici ses propres termes.

„ LIMOGES *Augustoritum* *. Cette vile est située „ sur la Vienne qui n'est pas ** navigable en cet en„ droit, à 14 lieues de Tulle, à 22 d'Angoulême, „ à 27 de Poitiers, à 30 de Clermont, à 34 de „ Cahors, à 40 de Bourdeaux & à cent de Paris.

* Les dictionaires & la Martiniére traduisent *Augustoritum* par *Poitiers*, & non par *Limoges*. M l'abé ne devoit-il pas dire quelque chose là-dessus ?

** C'est s'énoncer mal que de dire que la Vienne n'est pas navigable à l'endroit où est Limoges, pour dire qu'elle n'est point encore navigable, puisque c'est dire qu'elle est navigable au-dessus de Limoges, mais qu'à l'endroit où est cette vile, elle cesse de l'être.

Voilà à la vérité les distances qui se trouvent entre Limoges & sept autres viles ; mais de ces sept viles M. l'abé de Gourné n'a encore parlé que d'une seule qui est Paris ; pour les six autres come il n'en a point encore parlé, quiconque aprend la géographie dans son livre, ne sait la position de pas une seule : il ignore si elles sont au couchant, au midi, à l'orient, &c, ou entre le couchant & le midi, &c. Ainsi come il n'a point d'idée d'aucune de ces six viles ni de leur position, il n'entend rien à ce qu'il lit, & par conséquent tout cet etalage de distances est en pure perte.

Mais il y a dans ces distances une chose qui m'embarasse, c'est que la distance de Limoges à Tulle est marquée de quatorze lieues, & que celle de Tulle à Limoges est marquée de seize. Sur ce pied là y a donc plus loin de Tulle à Limoges qu'il n'y a de Limoges à Tulle. J'aurois cru que la distance qui se trouve entre ces deux viles etoit semblable à celle qu'il y a de Paris à Pontoise ; or la chanson dit

Il y a sept lieues de Paris à Pontoise.

Il y a sept lieues de Pontoise à Paris.

Au reste ce n'étoit pas la peine de grossir son ouvrage au moins d'un quart en marquant ainsi les distances. Quiconque aprend la géographie doit comparer la situation de chaque vile avec la situation des viles voisines, & pour peu qu'il ait fait d'atention à l'échelle qui est sur la carte, il juge aisément & par lui-même de toutes ces distances. D'ailleurs comè il n'est point possible de les retenir, je ne pense point que M. l'abé de Gourné veuille obliger à les aprendre.

Ainsi rien n'est moins raisonable que les louanges que cet auteur se done dans l'avertissement de ce volume, quand il s'exprime en ces termes. „ J'es-„ père (sans être taxé de complaisance paternelle)

„ qu'on mettra toujours beaucoup de diférence entre
„ mon ouvrage & ceux qui ont paru sur cette ma-
„ tiére. Il semble, en effet, qu'on ait négligé l'ob-
„ jet principal de la géographie, qui est d'ensei-
„ gner les distances qui se trouvent entre les dife-
„ rens lieux. C'est cependant là, continue-t-il, le
„ but & l'unique objet de la géographie. C'est le
„ point capital & essentiel, & la véritable pierre
„ de touche où l'on conoît le géographe. C'est la
„ corde unique qui peut produire quelque harmo-
„ nie dans la géographie, & c'est celle qui n'est
„ point touchée par ceux-mêmes qui promettent le
„ plus d'en doner des leçons.

La seconde chose particuliére à M. l'abé de Gourné, c'est qu'il joint ensemble la géographie & l'histoire. Mais come il n'est nullement exact dans ce qu'il a mis d'historique dans son ouvrage, il vaudroit mieux qu'il n'y en eut point mis du tout. Pour ne paroître point le chicaner mal à propos, j'en viens à la preuve; j'en trouve une à la page 168 où il décrit le Laonois.

Crépi, dit-il, *petite vile à deux lieues de Laon.* Il y a là deux fautes, l'une de comission & l'autre d'omission. *Crépi*, dit-il, *petite vile*; Crépi n'est point vile, ce n'est qu'un vilage; voilà la faute de comission, & voici celle d'omission. C'est qu'il devoit dire que c'est le lieu où se fit en 1544. un traité de paix entre Charles-quint & François I.

Même page au mot Liesse. *On prétend*, dit-il, *que la figure de la sainte Vierge y a eté aportée de Barbarie par des gentilshomes François.* Il faloit dire 1°. d'Egipte & non de *Barbarie*, 2°. par des gentilshomes du lieu, & non par des *gentilshomes françois*, ce qui est trop vague. Il continue. *Les présens des têtes couronées en ont rendu le trésor très-riche.* Il a eté très-riche ce trésor, mais il ne l'est plus.

Même page, au mot Laon. *Génebaut en fut le*

premier evêque, il faloit dire Saint Génebaut, puisqu'il est reconu à Laon pour saint. Il continue : *l'evêque de Laon est duc & pair*, il faloit mettre est le second duc & pair.

Page 169. PREMONTRÉ. *Saint Norbert en fut le premier abé dans le treiziéme siécle*, il faloit dire *au commmencement du douziéme siécle.*

Même page. COUCI. *On y voit une grosse tour sur laquelle est Enguérand de Couci.* Cette tour est démolie. Mais en voila assez : pour relever toutes les fautes de cet auteur, il faudroit faire un ouvrage beaucoup plus long que le sien. Ainsi quand il dit : *Je n'ai encore obligation à persone d'avoir relevé mes fautes;* ce n'est pas qu'il n'en ait point faites, mais c'est que persone de ceux qui sont en etat de les apercevoir, n'a jugé son ouvrage digne d'être lu.

Je ne saurois m'empêcher de doner encore quelquelques preuves de son peu d'exactitude.

Le vilage d'Azincourt fameux par la défaite des François en 1415, M. l'abé de Gourné dans son *Prospectus*, dans sa préface, dans son second volume, dans sa lettre à Dom Gilbert, &c. le place en Picardie cependant c'est en Artois qu'il est, & au nord de Hédin. Mais pour mettre son peu d'exactitude dans tout son jour, il sufit de citer deux lieux aux portes de Paris, Vincennes & le Bourget. *Le Bourget*, (dit il, page 193) *bourg à côté de S. Denis*: le Bourget n'est point un bourg, ce n'est qu'un vilage, & un vilage du comun. *Vincennes*, (dit-il, page 197) *est un gros bourg à une lieue de Paris.* 1°. Vincennes n'est point un bourg, 2°. Quand même ce seroit un bourg, on ne pourroit pas le qualifier de *gros bourg*, puisque quatre-vingt à cent maisons ne sufisent point pour cela.

Enfin il finit l'avertissement qui est à la tête de son second tome par une liste alphabétique de plus de 180 noms de lieux qui se trouvent dans ce second tome, & qui ne se trouvent point dans le dictionaire de M. de la Martiniére. Il met en cette liste Colomiers; je l'ai cherché & trouvé dans la Martiniére : pour les autres come je ne les ai point cherchez, je n'en parle point. Après tout il n'est point surprenant que la Martiniére ait omis ces lieux qui ne sont que des vilages ou au plus de chétifs bourgs. Si le bon sens permettoit de mettre dans un dictionaire tous les vilages & hameaux de l'univers, & de s'étendre sur chacun autant que M. de Gourné fait sur le vilage de Taverni, au lieu de dix volumes *in*-folio, cent mile volumes ne sufiroient pas. Mais en récompense combien de viles situées dans les provinces décrites dans ce second volume, & desquelles M. l'abé de Gourné ne dit pas un seul mot, que M. de la Martiniére a mis dans son dictionaire, come Argenteuil, Ruel, Nanterre, Bourg la reine, Longemeau, Rambouillet, Gaillardon, Saint-Arnoul, Rochefort, &c toutes viles ou bourgs situez auprès de Paris, & qui méritoient bien plus que Taverni, le Bourget, & tant d'autres misérables vilages de trouver place dans l'ouvrage du Géographe méthodique ?

Qu'on juge maintenant si les complimens que M. l'abé se done à la fin de l'avertissement sont bien fondez : les voici, „ J'ose avancer avec vérité „ que mon ouvrage est beaucoup plus abondant „ pour les matiéres que tout ce qui a paru jusqu'à „ présent, je n'en excepte pas même le fameux dic- „ tionaire de la Martiniére. “ N'est-ce pas là ce qu'on apelle se chatouiller pour se faire rire ? Je demanderois volontiers à ce méthodiste lequel à son avis seroit le plus riche de celui qui auroit deux cens liards ou de celui qui n'auroit que cent-cinquante piéces, mais qui seroient les unes en or & les autres en argent ? Il me répondroit sans doute que ce seroit le dernier. Voilà justement son cas. Les deux cens liards sont ses deux cens vilages ; & les cent-cinquante piéces d'or ou d'argent sont les viles ou les bourgs qui se tr uvent dans le dictionaire de la Martiniére, & qui nese trouvent point dans le Géographe méthodique.

VII. Je finis par la méthode de M. Lenglet. Come cette préface est déja longue, je ferai plus court sur cet ouvrage : c'est cependant le plus pitoiiable qu'on ait encore doné sur la géographie ; nulle justesse, nulle exactitude, nulle méthode : trois défauts ui je vai montrer le plus succinctement que je pourrai.

1°. Nulle justesse. En voici une preuve que je trouve au comencement de la géographie des enfans. D. *Qui sont les etats du nord* ? R. Ce sont les îles Britanniques, le Danemarck, la Norwége en titre de roiiaume, à laquelle on joint l'Islande, le roiaume de la Suéde, l'empire de la grande Russie & la Pologne. Un enfant qui lit & aprend cette réponse, comprend que l'Islande, la Suéde, la Russie & la Pologne sont des dépendances de la Norvvége ; & quand M. Lenglet auroit voulu le faire entendre ainsi à ses lecteurs, il ne se seroit pas exprimé autrement qu'il a fait. D'ailleurs est-ce du François que cette expression : *Qui sont les etats du nord* ? Le pronom interrogatif *qui* ne se dit jamais que des persones, & quand on parle de choses inanimées on se sert de *quel* : il faloit donc dire : *Quels sont les etats du nord* ? Ainsi les enfans qui aprennent la géographie dans son ouvrage, aprennent en même temps un jargon qui est le contraire du françois. On va voir encore dans un moment deux exemples semblables, & il ne parle presque jamais autrement.

2°. Nulle exactitude. En voici des exemples Il dit dans *la géographie des enfans* que *la Haie est la capitale des Provinces-unies, parce que c'est où s'assemblent les Etats*. Mais où s'assemblent les états de Languedoc ? A Montpellier. Et ceux de Bretagne ? Ordinairement à

Vitrai. Selon les principes de M. Lenglet Vitrai est donc la capitale de la Bretagne, & Montpellier du Languedoc.

Les deux plus grandes îles du Monde sont Madagascar & la Californie, dit-il, au comencement de sa géographie. Mais il y a lontemps qu'on sait à n'en point douter que la Californie n'est point une île Je ne finirois jamais si je voulois marquer les fautes de ce genre que je trouve à tout moment dans son ouvrage.

Il n'y a pas p'us d'exactitude dans ses remarques & dans ce qu'il a d'historique. En voici la preuve. *La Picardie*, dit-il, *a eté ainsi nomée, parce que ses habitans sont les premiers qui se soient servis de piques à la guerre.* Les noms de *Picardie* & de *Picard* n'ont guére que quatre cents ans, & il y a près de quatre mile ans qu'on se sert de piques ; ainsi ce n'est point l'invention de la pique qui a doné le nom à la Picardie. Cependant c'est un home qui se done pour guide aux persones qui veulent aprendre l'histoire, qui fait ces remarques historiques, dont la fausseté saute aux ieux des gens mêmes les moins savans.

Même page. *La Some ne gelle jamais en hiver.* J'ai déja fait sentir le faux de cette remarque à la page 3. de cette préface.

La Some est navigable jusqu'à Amiens : on avoit entrepris de la rendre navigable jusqu'à Saint-Quentin, & l'ouvrage qui etoit déja avancé jusqu'à Albert, a eté abandoné. On n'a jamais entrepris ce que M. Lenglet marque ici, on en a seulement formé le projet.

L'ouvrage, dit-il, *etoit déja avancé jusqu'à Albert.* M. l'abé Lenglet me permettra de lui dire que pour un auteur géographe il entend bien peu la géographie. La Some ne passe pas à Albert, & Albert est au moins à quatre lieues de la Some.

Il finit l'article de la Picardie par ces mots. *Dour-*

lens sur l'Authie, *Corbie*, *Pecquigni*, *Poix & Conti principautez.* Ce que je blâme, ici n'est point l'ordre bizarre dans lequel il nome ces cinq lieux ; mais c'est le mot de *principautez* qui tombe egalement sur les cinq lieux qu'il vient de nomer, puisqu'il n'y a que les trois derniers deux auxquels il convienne.

3°. Nulle méthode. Il comence par nomer toutes les îles du monde, ensuite tous les golfes, tous les caps, tous les lacs, toutes les montagnes, &c. Mais à qui parle-t il ? A gens qui ne savent encore rien de la géographie, puisqu'il ne leur en a encore rien apris. Les 50 à 60 pages qu'il emploie à ces enumérations, la méthode vouloit qu'il les mît à la fin de son ouvrage.

Il n'y a pas plus de méthode dans ses divisions, par exemple, la division de la France, qu'il a adoptée est celle des généralitez, qui est justement la plus mauvaise de toutes. Quand on veut savoir où est une vile, on demande en quel paiis ou en quelle province elle est, mais on ne s'est jamais avisé de demander en quelle généralité elle est, encore moins en quelle relection. Cependant un enfant qui saura à ne faire pas une seule faute *la géographie des enfans* ne saura pas même, par exemple, qu'il y a en France une province apelée Tourraine, une autre apelée Anjou, une autre le Maine, &c. Et M. Lenglet apelle cela savoir sa France ? Mais venons à la preuve. Voici la description qu'il fait de la généralité de Tours. Je prie seulement le lecteur de faire atention aux deux *Qui* par où comencent les deux derniéres demandes.

D. *Coment divisez-vous la généralité de Tours ?*

„ R. Cette généralité qui est trés-etendue se divise „ en seize elections, dont huit sont au nord de la „ Loire & huit au midi.

D. *Qui sont les elections du nord de la Loire ?*

„ R. Maïenne avec titre de duché ; Laval où l'on „ comerce en toile, le Mans vile episcopale, Cha-

„ teau du Loir, Angers vile & evéché avec une „ université, Chateau-Gontier, la Fléche où est un „ célébre colége de Jésuites, & Baugé.

D. *Qui sont les elections du midi de la Loire ?*

„ R. Ce sont celle de Tours vile arquiépiscopale, „ où se trouve une manufacture d'étofes de soie, „ Amboise vile très-privilégiée, ou est un vieux „ chateau roiial, Loches, Chinon, Saumur, Mon- „ treuil-Bellai, Loudun & Richelieu.

Dans ces deux derniéres réponses on voit les viles de trois provinces, le Maine, l'Anjou, la Tourraine & deux du Poitou, mais on ne voit point qu'elles sont celles du Maine, celles de l'Anjou, celles de la Tourraine, &c. D'ailleurs la façon dont il s'exprime est toute propre à faire croire à ses lecteurs que Maïenne, par exemple, Laval, Chateau du Loir, Chateau-Gontier, la Fléche, &c. ne sont point des viles : *Angers*, dit-il, *vile & evéché*; les autres lieux qu'il a nomez auparavant, & qu'il nomera après, ne sont donc pas des viles ?

Qu'il n'y ait aucune méthode dans son ouvrage, en voici un exemple choisi entre mile, qui en va faire la preuve la plus complette. Il est pris de la géographie des enfans. Je prie le lecteur de voir sur la carte les lieux que je vai marquer, parce que cela est nécessaire pour sentir le manque de méthode. „ D. *Coment divise t-on le Milanès ?* R. Le Mi- „ lanès se divise en treize territoires, qui sont ceux „ de Milan, de Pavie, de Novare, de Côme, de „ Lodi, de Crémone, de Tortone, d'Aléxandrie, „ du comté d'Anguiére, de Laumelline, de Bob- „ bio, de Vigévano, & des valées de Sessia. “ Quelle confusion ! Quel désordre ! Qu'on ecrive les noms de ces treize territoires chacun sur un morceau de papier, qu'on les mette dans le fond d'un chapeau, qu'on les mêle, qu'on les fasse tirer un à un par un enfant, & qu'on les ecrive à mesure que le hazard les fera tomber sous la main de l'enfant, on aura un ouvrage aussi méthodique que la géographie de M. Lenglet. Un auteur qui done à un pareil ouvrage le nom de méthode, ignore absolument la signification de ce beau nom; & bien loin de faciliter par son ouvrage l'étude de la géographie, il afecte d'y mettre à chaque ligne des dificultez que cette sience ne conoît pas.

Mais pour doner une idée juste du bon sens de M Lenglet, je me borne au seul extrait qui suit, après quoi je le quite. Voici les propres termes par où il finit ce qu'il dit de Lima dans les trois diférentes editions qu'il a données de sa géographie; & dont la dernière est de 1742. „ Quelques lettres de la „ Jamaïque avoient dit qu'au mois d'octobre 1687, „ Lima & le territoire des environs avoient eté sub„ mergez par une inondation de la mer, précédée „ d'une horrible tremblement de terre; mais come „ cela ne s'est pas confirmé, & que même on a reçu „ depuis des lettres qui n'en font aucune mention, „ on a lieu de croire que ces avis n'étoient pas véri„ tables. " Voilà de ces traits qui mettent au grand jour tout le bon sens d'un ecrivain, & qui en même temps sont capables d'épuiser toute la patience d'un lecteur. Quoi? Des miliers de lettres qui depuis 1687 jusqu'à 1742 sont alées & sont venues chaque anée de Lima en Espagne, la grande quantité d'afaires que les marchands d'Espagne ont fait avec ceux de Lima pendant 57 anées, ne sont-ce point là autant de preuves incontestables que Lima n'est point submergé. Si des preuves aussi positives, qui continuent toujours depuis tant d'anées, ne sufisent pas encore pour s'assurer qu'une vile n'est point submergée, je voudrois que M. Lenglet aprît au public quel nombre d'anées est donc nécessaire pour savoir positivement à quoi s'en tenir sur un pareil fait. Heureusement pour l'Espagne cette géographie n'a point encore eté traduite en Espagnol ; car qui voudroit rien envoiier dans une vile quand il auroit lieu de croire qu'elle est submergée.

Come on a reçu depuis (1687) *des lettres* de Lima, *qui ne font aucune mention* que cette vile soit submergée, *on a* (en 1742) *lieu de croire que ces avis n'étoient pas véritables.* M. Lenglet me permettra de lui demander si l'on peut recevoir des lettres d'une vile submergée ? Non certes. Cependant jusqu'à ce qu'on ait reçu de Lima submergée, engloutie, abîmée des lettres qui marquent positivement qu'elle est submergée, M. Lenglet qui a déja fait imprimer trois fois cette remarque si curieuse & si sensée, la fera imprimer encore une quatriéme, & peut-être une cinquiéme.

Cependant il faut rendre justice à tout le monde. Cette remarque est du sieur Martineau, qui a fait imprimer vers 1688 la géographie que M. Lenglet a déja fait réimprimer trois fois depuis, come étant son propre ouvrage. Eu égard au temps que le sieur Martineau a fait cette remarque, je ne pense pas qu'on puisse l'en blâmer. Pour M. Lenglet ce qu'on peut lui reprocher c'est d'avoir mis son nom à la tête d'un ouvrage, qu'il n'a pas méme lu ; car j'aime mieux croire qu'il ne l'a point lu, que de le croire capable d'y laisser des fautes qui révoltent le bon sens. Tout l'ouvrage est plein de contradictions & de fautes grossiéres, que je mets sur le compte du premier auteur. Si on les atribuoit à M. Lenglet, elles prouveroient qu'il n'auroit pas méme les premiéres teintures de la géographie, ce qu'il n'est pas permis de penser du plus grand ecrivain que nous aiions.

Come la géographie a toujours eu pour moi beaucoup d'atraits, j'ai vu toutes les méthodes qu'on nous en a donées jusqu'aujourd'hui. Indigné de n'en trouver pas une seule qui ne fût très-défectueuse, je me suis apliqué à la composition de cé petit ouvrage. Come il y a un grand nombre de choses à aprendre dans la jeunesse, on ne peut guére doner à la géographie que deux ou trois mois au plus. C'est pour cela que j'ai réserré cette méthode le plus que j'ai pu. En començant à aprendre par cœur à la page 20, il n'y a que cent-trente sept pages à aprendre, & on peut aprendre cent-trente-sept pages en trois mois.

Je viens à la méthode que j'ai suivie. J'ai regardé une carte come un livre. Quand on lit dans un livre on comence par le haut, & on va de gauche à droite. Voila précisément ma méthode. J'anonce toujours par où je comence, si c'est par le nord ou par le couchant. Si c'est par le nord je vai de l'occident à l'orient, & je fais la même chose quand je parcoure la partie méridionale. Si c'est par l'occident, je vai du nord au sud, & il en est de même quand je viens à la partie orientale.

Avant que de comencer la description d'une province, j'en fais conoître les riviéres. Si elles coulent d'occident en orient, ou d'orient en occident, je nome les viles qu'elles arrosent en començant par l'occident pour finir par l'orient. Si elles coulent du nord au sud ou du sud au nord, c'est par le nord que je comence à nomer les viles situées sur ses bords. En un mot, je guide toujours les ieux du lecteur, & je ne le laisse jamais chercher au hazard. C'est à quoi ont manqué tous nos méthodistes. Ils comencent, come je l'ai déja remarqué, à nomer une vile qui est à l'orient d'une province ; après quoi ils passent à une autre qui est à l'occident, ensuite ils retournent à l'orient. Aussi les ouvrages de géographie que nous avons, sont-ils de vrais cahos, où persone que l'Auteur ne conoît rien.

L'ouvrage que je done aujourd'hui sera suivi d'un autre bien plus etendu, où l'on trouvera tout ce qui

qui peut contenter les persones mêmes les plus dificiles sur la géographie soit moderne, soit ancienne, soit du moiien age. L'ouvrage n'est point pour être apris par cœur, mais pour être lu à mesure que l'on aprendra de celui-ci.

Come la géographie & l'histoire sont deux choses entiérement diférentes, & que la premiére est une préparation à la seconde, je ne mets presque rien de l'histoire civile dans mon ouvrage. La géographie est assez riche de son propre fonds, sans qu'il soit besoin pour la grossir d'y mêler rien d'étranger. Quiconque voudra s'instruire sur un point d'histoire ne s'avisera jamais de le chercher dans un traité de géographie.

Quoique j'aie fait ce petit ouvrage particuliérement pour les jeunes gens, je n'y ai cependant pas emploiié les demandes & les réponses, atendu qu'il auroit falu répéter sans cesse les quatre mêmes demandes : *Quelles sont les bornes d'un tel païs ? Quelles en sont les riviéres ? Quelle en est la division ? Quelles en sont les principales viles ?* Ceci même peut suffire là dessus.

Je ne mets point de cartes dans ce petit ouvrage, & je n'en mettrai pas non plus dans le grand. Des cartes aussi petites qu'il les faudroit pour un *in*-douze ne contiendroient pas la trentième partie des lieux indiquez dans l'ouvrage. Elles ne seroient bones qu'à gâter le livre, à en augmenter le prix, & il en faudroit toujours d'autres d'une feuille au moins.

Il faut donc nécessairement des cartes pour aprendre la géographie: les plus amples sont les meilleures. Mais les cartes en quatre feuilles, à moins que ce ne soient celles de M. Jaillot, ne valent rien. Ainsi les plus comodes sont celles d'une feuille. Je vai donc indiquer celles qui sont absolument nécessaires, & en même temps les meilleures que l'on puisse trouver.

1. La mape-monde & les quatre parties du mon-

de de M. de l'Ile, chacune en une feuille, 2°. Les Iles Britanniques, la France, les Paiis-Bas en l'Alemagne, chacune en une feuille aussi de M. de l'Ile. 3°. L'Italie en une feuille de M. Jaillot, ou de M. de l'Ile. Les diférens etats sont mieux distinguez dans celle de Jaillot, & celle de M. de l'Ile est plus juste. Quand M. Danvile nous aura doné l'Italie & l'Afrique, auxquelles il travaille présentement, il ne faudra pas manquer de les prendre : ce seront les seules bones, & d'ailleurs elles seront gravées avec la plus grande propreté, come tout ce que ce savant Géographe nous a doné.

Avant que de finir cette préface, j'ai à doner à ceux qui aprennent la géographie deux avis qui ne peuvent que leur être d'une grande utilité. Le premier, c'est de comparer ensemble dans la mape-monde les quatre parties du monde, dans une Europe, par exemple, les diférens etats dans lesquels elle se divise, dans une France les diférentes provinces, de les comparer, dis-je, par raport à leur situation & à leur grandeur, à peu près de cette maniére, Quelle est l'Europe par raport à l'Afrique? Elle est septentrionale. Par raport à l'Asie? Occidentale. Et par raport à l'Amérique? Orientale Quelle est la grandeur de l'Europe, par raport à l'Afrique? A peu près la moitié, &c.

Le second avis est de considérer les provinces & les viles qui sont sous le méridien du lieu où l'on est, de Paris par exemple, en partant de cette vile, & en suivant le méridien jusqu'aux deux extrémitez de la carte, celle d'en-haut & celle d'en-bas ; & suivre de même le paralellé. Rien ne peut être plus utile pour ranger dans la mémoire, si c'est dans une France, les provinces qui sont au nord de Paris, celles qui sont au midi, à l'occident, à l'orient Quand on sait bien cela, on peut suivre de même les quatre points collatéraux, Mais ces deux avis je ne les done qu'à ceux qui savent déja la division d'une carte.

La liste alphabétique des noms de lieux qui termine cet ouvrage, pourra tenir lieu d'un petit dictionaire géographique. Come elle renvoie à la page & à la ligne où est le nom cherché, elle aprendra aussi-tôt non-seulement le paiis, mais encore l'endroït de ce paiis où le lieu que l'on cherche est situé. Elle peut encore servir à examiner un enfant sur la géographie, & à s'assurer des progrès qu'il aura faits, en l'obligeant à dire où est chaque lieu aussitôt qu'on le lui aura nomé.

Au reste la seule chose que je puisse dire ici à mon avantage, c'est d'avoir au moins entrevu ce que c'est que méthode, & de n'avoir rien négligé pour la suivre le mieux qu'il m'a eté possible. Pour avoir repris ceux qui nous ont doné des Méthodes de géographie, je suis très-eloigné de prétendre que celle que je done aujourd'hui soit exempte de fautes. Quelque atention que j'aie aportée à les eviter, il m'en sera toujours echapé quelques-unes. Mais j'avertis ceux qui voudront me critiquer, que je ne reconois pour juges que les cartes de M. de l'Ile. Ce sont celles que j'ai toujours consultées & suivies. Quand je m'en suis eloigné, c'est que depuis qu'il les a publiées, nous avons de nouvelles conoissances qu'on n'avoit pas encore quand il les faisoit.

Je proteste à quiconque aura la charité de me montrer mes fautes, que je lui en saurai gré, Je ne sai ni excuser ni pallier mes fautes ; je sai encore moins ce que c'est que de disputer contre la vérité, & afin qu'on ne prenne point cette protestation pour un pur compliment, voici une preuve de ma docilité.

L'ortographe que j'ai suivie en cet ouvrage, qui s'éloigne en quelque chose de la maniére ordinaire d'écrire, est celle de Messieurs les abez de

Dangeau, & de Saint-Pierre, tout deux de l'Academie françoise, & du P. Buffier. La grande connoissance qu'ils avoient de notre langue etoit la seule raison qui me la faisoit suivre. Mais un savant qui a sur ce point des lumières superieures vient de me détromper là-dessus. Ainsi je condamne maintenant cette ortographe comme mauvaise, & je prie les jeunes gens de ne la pas suivre.

J'Ai lu par ordre de Monseigneur le Chancelier *la Géographie ancienne & moderne*. L'exactitude, la méthode & la précision qui y régnent, me persuadent que l'impression en sera utile au public. A Paris, ce 8. Août 1741.

P. GERMAIN.

Le Privilege sera au long dans le grand ouvrage.

INTRODUCTION A LA GEOGRAPHIE.

I. Deux hémisphères. II. Les pôles. III. Les quatre points cardinaux, & les collatéraux. IV. Les trois grands cercles. V. Les polaires & les tropiques. VI. Zones. VII. Dégrez. VIII. Longitude & latitude. IX. Climats.

LA terre & la mer font ensemble un seul tout que l'on apelle globe terrestre : *globe* à cause de sa figure qui est ronde, ou très-aprochante de la ronde ; & *terrestre* à cause de la terre sa plus noble & sa principale partie.

Il y a deux façons de représenter ce globe : la premiére, qui est aussi la plus naturelle & la plus comode c'est de se servir d'un globe, sur la superficie duquel on voit représenté ce qui est terre & ce qui est mer. La seconde qui est la plus commune, c'est de le représenter sur le papier en deux *hémisphères*, c'est à dire, en deux *demi-globes*, c'est ce qu'on apelle *mapemonde*. C'est pour les mapemondes que je vai doner les explications suivantes ; il est aisé d'en faire l'aplication sur le globe.

I. Ces deux hémisphères représentent chacun la moitié du globe terrestre ; celui qui est à votre droite quand vous considérez une mapemonde, est apelé *l'hémisphère supérieur* & *oriental*, & l'autre *inférieur* & *occidental*. Come c'est dans l'hémisphère qui est à votre droite que la géographie est née avec tous ses termes, les homes qui ont imposé les noms aux choses, l'aïant fait par raport à eux-mêmes & à leurs idées, en suposant qu'ils habitoient la partie la plus élevée du globe, ils ont apelé leur hémisphère *supérieur* & l'autre par conséquent *inférieur*. Ils l'ont encore apelé *oriental*, parce qu'ils ont suposé que le soleil se léve pour lui, & l'eclaire avant que d'eclairer l'autre hémisphère, qui pour cette raison est apelé *occidental*. *

* Cependant si avant que d'imposer à aucun des deux hémisphères le nom d'*oriental* ou d'*occidental* la vérité avoit été consultée, l'hémisphère que nous apelons maintenant oriental auroit été apelé occidental, puisqu'immédiatement après la création cet hémisphère a eté eclairé tout en tier avant le nôtre. La preuve de cela c'est que dedans la Génèse il est dit par raport à notre hémisphère, que la nuit & le jour

II. Le point le plus elevé de chacun de ces deux hémisphères s'apelle le *pôle* du nord, & le plus bas le *pôle* du midi. Le nom de *pôle* vient du mot grec *polein*, qui signifie *tourner*, parce que la terre tournant d'occident en orient une fois en un an selon les anciens philosophes, & une fois en chaque jour selon les nouveaux, tous les points de sa superficie décrivent des lignes paralelles les unes aux autres; hors les deux points que l'on apelle pôles, lesquels tournent sur eux-mêmes.

Le pôle du nord est encore apelé pôle *arctique*, pôle *septentrional* & pôle *boréal*. Il est apelé *pôle arctique* du nom grec *arctos* (ourse) parce qu'il est voisin des deux constellations que l'on apelle la petite & la grande ourse. Il est apelé *septentrional* de deux mots latins *septem triones*, qui signifient les sept principales etoiles de la grande ourse; enfin pôle *boréal*, du nom de *boreas*, qui est un vent froid qui soufle de ce côté là.

Le pôle du midi s'apelle aussi *antarctique*, c'est à dire, oposé à l'arctique, car *anti* en grec signifie *oposé*. On le nome encore *pôle austral*, du vent *auster* qui soufle du midi.

III. Voiions maintenant ce qu'on apelle les quatre points cardinaux. Les deux pôles

qui la suivit firent le premier de tous les jours naturels. *Factum est vespere & mane dies unus*. Gen. 1. 6.

du monde sont les deux premiers de ces points; celui du nord s'apelle *le nord* & *le septentrion*, & celui du midi s'apelle *le sud* & *le midi*. Le point de chaque hémisphère qui avance ou déborde le plus à votre droite, on le nome l'*est*, le *levant* où l'*orient*, & celui qui lui répond à gauche se nome l'*ouest*, le *couchant* ou l'*occident*. Le vrai orient est le point du monde où le soleil se léve aux equinoxes, & l'occident est celui où il se couche dans la même saison. Le midi est le point juste où le soleil se trouve quand il est midi, & le nord est celui qui lui est oposé.

Ces quatre points partagent le monde en quatre parties egales, qui font chacune un quart de cercle: car nous suposons que le globe de la terre est rond.

Ce sont ces quatre points qui s'apellent *points cardinaux*, parce que leurs noms *nord*, *sud*, *est*, *ouest* composent les noms des quatre points collatéraux &, cela en començant deux fois par le nord, & deux fois par le sud.

Ainsi le point milieu entre le nord & l'ouest s'apelle *nord-ouest*, & celui qui est entre le nord & l'est s'apelle *nord est*. De même le point milieu entre le sud & l'est s'apelle *sud-est*, & celui qui est entre le sud & l'ouest s'apelle *sud-ouest*. On apelle encore nord-est la moitié de l'espace qui se trouve entre le point du nord & de l'est, & ainsi des trois autres. Ces quatre points sont nomez collatéraux parce qu'ils sont à côté des quatre points cardinaux.

Outre ces huit points il y en a encore huit autres dont la conoissance n'est pas moins nécessaire, & dont les noms sont formez des noms des deux points entre lesquels chacun d'eux se trouve; mais en sorte que le nom des quatre points cardinaux soit deux fois le premier. Ainsi le point qui est entre le nord & le nord-ouest on l'apelle *nord-nord-ouest*, & *nord-nord-est* celui qui est entre le nord & le nord-est. Le point qui est entre l'est & le nord-est s'apelle *est-nord-est*, & celui qui est entre l'est & le sud-est s'apelle *est-sud-est*. Aux côtez du sud sont vers l'orient le *sud-sud-est*, & à l'occident le *sud-sud-ouest*: & aux côtez de l'ouest sont, vers le midi l'*ouest-sud-ouest*, & vers le septentrion l'*ouest-nord-ouest*.

IV. Passons maintenant aux cercles. Il y en a trois grands dont la conoissance est absolument nécessaire pour la géographie, ce sont l'horison, l'equateur & le méridien. Ces trois cercles ont un centre comun qui est celui de la terre, & chacun d'eux partage le globe en deux parties egales.

.1 Quand nous somes dans une rase campagne où rien ne fait obstacle à notre vue, en promenant nos ieux autour de nous nous découvrons la moitié du ciel; & ce grand cercle qui sépare la partie du ciel que nous voiions d'avec celle que nous ne voiions pas, on l'apelle l'HORISON, mot grec qui signifie *le borneur*, parce qu'il borne notre vue. Le centre de l'horison est le même que celui de la terre. Le point de l'horison qui est au dessus de la tête de chacun de nous s'apelle *zenith*, & celui qui est au dessous de nos pieds dans l'autre horison s'apelle *nadir*.

L'horison partage le monde en deux parties egales. Celle que nous voiions s'apelle horison supérieur, & c'est le nôtre; & celle que nous ne voiions pas s'apelle l'horison inférieur.

2. L'EQUATEUR est une ligne egalement eloignée de l'un & de l'autre pôle, & qui traverse l'un & l'autre hémisphère de l'ouest à l'est. Cette ligne est apelée *équateur*, parce qu'elle partage le globe en deux parties egales; la supérieure est apelée *septentrionale*, & l'inférieure *méridionale* ou *australe*. Elle est encore apelée *ligne équinoctiale*, parce que le jour que le soleil la parcourt, il y a equinoxe pour toute la terre, c'est à dire, douze heures de jour & douze heures de nuit. On l'apelle même quelquefois la *ligne*, come qui diroit

la ligne par excellence. De l'un & de l'autre côté de l'equateur sont d'autres cercles qui vont tous d'occident en orient, & qui diminuent à mesure qu'ils aprochent des pôles : on les apelle *paralelles*.

3. Le MERIDIEN est un grand cercle qui a pour centre le centre même de la terre, & qui passe par les deux pôles du monde en tournant autour de la terre. Il est apelé *méridien* parce que quand le soleil y est parvenu il est midi pour tous les lieux qui sont sous ce cercle depuis un pôle jusqu'à l'autre pôle. Il partage aussi le monde en deux parties egales, l'une orientale, c'est celle qui est vers l'orient, & l'autre occidentale, c'est celle qui est vers l'occident.

Il y a autant de méridiens qu'il y a de points diférens dans la ligne équinoctiale, de sorte qu'à chaque pas que fait un home vers l'orient ou vers l'occident, il change de méridien. Mais parmi le grand nombre de méridiens il y en a un que chaque peuple apelle le premier, & c'est pour les François depuis l'ordonance de Louis XIII. de l'an 1634. celui qui passe par la lisiére occidentale de l'île de Fer qui est elle-même la plus occidentale des Canaries. C'est celui qui coupe en deux hémisphères les mapemondes faites en

France. * Les lignes que l'on voit sur la mapemonde tirées d'un pôle à l'autre sont autant de méridiens.

V. Outre ces trois grands cercles il y en a encore quatre petits dont la conoissance n'est pas moins nécessaire, ce sont les deux polaires & les deux tropiques.

Les POLAIRES sont deux cercles paralelles à l'equateur, l'un a 66. dégrez & demi de latitude nord, & l'autre a 66. dégrez & demi de latitude sud, & chacun est à 23. dégrez & demi de chaque pôle.

Les TROPIQUES sont deux cercles paralélles à l'equateur dont ils sont eloignez de 23. dégrez & demi chacun, l'un vers le nord, & c'est celui qu'on apelle le tropique du cancer; & l'autre vers le sud, & c'est celui que l'on apelle le tropique du capricorne.

VI. Ces quatre cercles séparent les cinq zones l'une de l'autre. On apelle ZONES de grands espaces de la superficie du globe terrestre, qui sont d'une largeur toujours egale, & qui tournent autour du globe. Le nom de *zone* est grec & signifie *ceinture*. Il y a cinq zones, une torride, deux tempérées & deux glaciales.

* Les Espagnols placent leur premier méridien à Tolède, les Holandois le mettent au pic de Ténérife, une des plus hautes montagnes du monde dans l'île de même nom, qui est une des Canaries; & les Portugais à l'île de Tercère, parce qu'aux environs de cette île l'aiguille n'a point de déclinaison.

La zone *torride* est coupée en deux parties egales par l'equateur, & est bornée par les deux tropiques. Les deux zones tempérées sont entre les tropiques & les cercles polaires, de sorte que la zone tempérée septentrionale est entre le cercle polaire arctique & le tropique du cancer, & la zone tempérée méridionale est entre le tropique du capricorne & le cercle polaire antarctique. Les zones glaciales sont entre les cercles polaires & les pôles ; la zone glaciale septentrionale entre le pôle arctique & le cercle polaire , & la zone glaciale méridionale entre le pôle antarctique & le cercle polaire.

Ainsi la zone torride a quarante sept dégrez de largeur, qui,en comptant vingt cinq lieues au dégré, font onze cents soissante quinze lieues. Les deux zones tempérées ont chacune quarante trois dégrez qui font mile soissante quinze lieues, & les deux zones glaciales ont chacune vingt-trois dégrez & demi , qui font pour chacune cinq cents quatre vingts sept lieues & demi.

VII. La circonférence de la terre que nous suposons ronde , se divise en autant de parties que l'on divise un cercle ou la circonférence d'un cercle ; c'est à dire en trois cents soissante parties & c'eſt ce qu'on apelle dégrez. Ainsi qu'un cercle ait trois cents soixante mile lieues , trois cents soixante pieds ou trois cents soissante pouces de circonférence, on ne le divisera jamais qu'en trois cents soixante parties ou dégrez. Dans le premier cas le dégré aura mile lieues, & dans le dernier il n'aura qu'un pouce. La raison pourquoi on a choisi le nombre de trois cents soissante plutôt que celui de trois cents ou quatre cents, par exemple, c'est que les géometres ont trouvé que le nombre de trois cents soissante étoit plus parfait que les autres; & qu'il y avoit moins de nombres impairs dans les sections.

Chaque dégré se subdivise à son tour en soissante parties qu'on apelle minutes; la minute se subdivise en soissante secondes, & la seconde en soissante tierces, &c.

VIII. Voiions maintenant ce que c'est que dégré, & de combien de sortes il y en a.

En général un dégré est la trois cents soissantième partie d'un cercle, ou de la circonférence d'un cercle : & en terme de géographie c'est la trois cents soissantième partie du tour de la terre, que nous suposons ronde en tout sens, & avoir ainsi la figure d'un cercle. On peut donc la mesurer en tout sens, & en tout sens elle aura trois cents soissante dégrez de tour. Mais l'usage est de ne la mesurer qu'en deux sens par les points cardinaux, c'est à dire du couchant au levant, & du nord au sud. C'est pourquoi on distingue deux sortes de dégrez, dégrez de longitude & dégrez de latitude. Un dégré de longitude est la trois cents soixantième partie du tour de la terre mesurée d'occident en orient; & un dégré de latitude est la trois cents soissantième partie de la terre mesurée par les pôles, ou du nord au midi.

On voit par là que les espaces du tour de la terre mesurée d'occident en orient s'apellent dégrez de longitude ou de longueur, & que les espaces du tour de la terre mesurée par les pôles s'apellent dégrez de latitude ou de largeur. *

* Ptolémée qui vivoit au milieu du second siécle, est le premier qui ait marqué les dégrez sur les cartes; & come il etoit encore plus habile dans l'astronomie que dans la géographie, il a transporté à la terre les mêmes mesures que les astronomes qui l'avoient précédé, emploioient pour mesurer le ciel. Or les astronomes mesuroient & mesurent encore le ciel en deux maniéres diférentes, d'occident en orient, & du nord au sud. Dans la premiére de ces maniéres ils comencent à la partie occidentale du Bellier, & comptent les trois cents soissante degrez d'occident en orient. Dans la seconde ils comptent sur un même méridien à la vérité trois cents soissante dégrez, mais ils les partagent en quatre parties egales, chacune de quatre-vingts dix dégrez, & ils les comptent sur les quatre arcs du méridien, qui est coupé en quatre parties égales; deux fois par l'ecliptique, & les deux autres fois par le zodiaque.

Ptolémée a transporté toutes ces choses au globe terrestre. Il en a comencé la mesure d'occident en orient par les Canaries, qui répondent au signe du Bellier; & il a compté de suite les cent quatre-vingts dégrez que l'on conoissoit de son temps, & ces dégrez il les a apelez dégrez de longitude. Pour les soissante-dix-neuf dégrez que l'on conoissoit alors du nord au sud, il les a partagez en deux. Il en a compté soissante-trois depuis l'equateur jusqu'à l'île de Thulé, la partie la plus se-

Les dégrez de longitude se comptent par les François du premier méridien qui passe par l'île de Fer une des Canaries la plus occidentale ; & les dégrez de latitude comencent à l'équateur, & finissent aux pôles. Ces derniers mots font aisément comprendre qu'il y a de deux sortes de dégrez de latitude, dégrez de latitude septentrionale & dégrez de latitude méridionale. Les dégrez de latitude septentrionale sont les espaces de la terre mesurée de l'equateur en alant au pôle septentrional ; & les dégrez de latitude méridionale sont les espaces de la terre mesurée de l'equateur aussi, mais alant vers le pôle méridional.

ptentrionale de la terre que l'on conût alors, & il les a apelez dégrez de latitude septentrionale ; & les seize autres dégrez vingt-cinq minutes que l'on conoissoit au sud de l'equateur, & qui finissoient au *Cap de Prasse*, aujourd'hui *le Cap des Courans*, sur la côte orientale d'Afrique, il a comencé à les compter de nouveau de l'equateur vers le pôle austral, & il les a apelez dégrez de latitude australe

Voilà la vraie raison pourquoi les dégrez de longitude comencent à se compter aux îles Canaries ; pourquoi ils se comptent d'occident en orient, & pourquoi enfin ils se comptent tous de suite depuis le premier dégré jusqu'au trois cents soissantième, & pourquoi les dégrez de latitude se comptent par quatre fois quatre vingts dix, en començant toujours à l'equateur & finissant aux pôles. Ainsi ce n'est point du tout parce que les Grecs & les Romains conoissoient une bien plus grande étendue d'occident en orient, qu'ils apeloient les dégrez comptez en ce sens dégrez de longitude ; ni parce qu'ils conoissoient une moindre etendue du nord au sud qu'ils apeloient les dégrez comptez en se sens dégrez de latitude, puisque ne conoissant que soissante dix neuf dégrez, il les partageoient en deux parties, qu'ils començoient à compter à l'equateur.

Mais sur quoi compter les dégrez de longitude & ceux de latitude ? Les dégrez de longitude se comptent sur les méridiens, & les dégrez de latitude se comptent sur les paralelles. En effet qu'est-ce que la longitude de Paris, par exemple, & qu'est-ce que la latitude de la même Vile ? La longitude de Paris n'est autre chose que l'arc du paralelle compris entre le premier méridien & le méridien de Paris ; or le méridien de Paris est au 20e. dégré de longitude : ainsi la longitude de Paris est de 20 dégrez, & c'est le méridien de cette vile qui assigne ces dégrez. D'ailleurs la latitude de Paris n'est autre chose que l'arc du méridien compris entre le paralelle de Paris & l'equateur : or le paralelle de Paris est au 48 dégré 50 minutes de latitude, & ainsi la latitude de Paris est de 48 dégrez 50 minutes.

Voiions maintenant qu'elle est la longueur d'un dégré, soit de longitude soit de latitude.

1°. Tous les dégrez de latitude sont de 25. lieues chacun. La raison en est toute naturelle & fort simple ; c'est qu'on ne peut mesurer les latitudes que sur des grands cercles qui passent par les pôles ; ou bien pour m'expliquer autrement, c'est que les latitudes sont l'eloignement qui est entre l'equateur & les pôles. Or l'equateur est eloigné de chaque pôle de 90. dégrez dans tous les points de sa circonférence. Ainsi de quelques points de l'equateur que je parte pour le pôle, j'aurai 90. dégrez à faire, & je ne pourai jamais les faire que sur un grand cercle, puisqu'il passera par les pôles.

2°. Il n'en est pas de même des dégrez de longitudes : ils ne sont de 25. lieues que sous l'equateur, & entre l'equateur & les pôles ils diminuent à mesure qu'on avance vers les pôles. La raison en est fort simple & fort naturelle. L'equateur est un grand cercle qui coupe le globe terrestre en deux parties égales : tous les cercles qui se trouvent sur le globe entre l'equateur & les pôles, sont de petits cercles qui deviennent plus petits à proportion qu'ils aprochent du pôle. Or les dégrez d'un petit cercle etant au même nombre que ceux d'un grand, ils doivent être moins etendus que les dégrez d'un grand. Ainsi les espaces du tour de la terre mesurez d'occident en orient sur un cercle paralelle à l'equateur, come ceux d'un tropique, par exemple, doivent être d'une moindre etendue que ceux de l'equateur. Les espaces ou dégrez du cercle polaire sont encore bien moins etendus; il y a donc bien moins de lieues dans un dégré de cercle qu'il n'y en aura dans un de l'equateur.

Il n'est pas aisé de dire au juste de combien diminuent les dégrez de longitude à mesure qu'on s'eloigne de l'equateur pour aler vers les pôles : le voici à peu près.

Depuis le premier dégré de latitude jusqu'au huitième la diminution n'est guère que d'un quart d'heure, c'est à dire que le dégré de longitude y est encore de 24. lieues trois quarts.

Vers le 12. de 24. lieues & demie.
Vers le 17. de 24. lieues.
Vers le 21. de 23. lieues & demie.
Vers le 24. de 23. lieues.
Vers le 30. de 22. lieues.
Vers le 34. de 21. lieues.
Vers le 37. de 20. lieues.
Vers le 41. de 19. lieues.
Vers le 43. de 18. lieues.
Vers le 45. de 17. lieues.
Vers le 49. de 16. lieues.
Vers le 53. de 15. lieues.
Vers le 55. de 14. lieues.
Vers le 58. de 13. lieues.
Vers le 61. de 12. lieues.
Vers le 63. de 11. lieues.
Vers le 64. de 10. lieues.
Vers le 67. de 9. lieues.
Vers le 70. de 8. lieues.
Vers le 72. de 7. lieues.
Vers le 74. de 6. lieues.
Vers le 79. de 5. lieues.

Vers le 80. de 4. lieues.
Vers le 82. de 3. lieues.
Vers le 85. de 2. lieues.
Vers le 87. d'une lieue.
Vers le 89. d'un quart de lieue.

La terre a neuf mile lieues comunes de France à 25. au dégré. Ainsi la moitié du tour de la terre est de 4500. lieues, & de 180. dégrez, car 180. est la moitié de 360. come 4500. sont la moitié de 9000. Le quart du tour de la terre est de 90. dégrez, qui font 2250. lieues.

Ainsi les pôles de la terre sont eloignez l'un de l'autre de la moitié du tour de la terre, ou de la moitié d'un cercle; c'est à dire de 180 dégrez ou de 4500 lieues en tout sens. Et ils sont eloignez chacun de l'equateur de 90 dégrez ou de 2250 lieues, c'est à dire du quart du cercle ou du tour de la terre.

IX. Les Géographes apellent CLIMAT une espace de la terre compris entre deux paralelles, à la fin duquel (c'est à dire vers le pôle) le plus grand jour de l'anée est plus long ou d'une demi heure ou d'un mois que dans son comencement.

Sous l'equateur il y a un equinoxe continuel, tous les jours y etant de douze heures, & les nuits aussi de douze heures. Mais plus on avance vers les pôles, plus les jours deviennent grands l'eté & courts l'hiver; de sorte

sorte que ceux qui sont sous les cercles polaires ont un jour de vingt quatre heures l'eté, & que sous les pôles il y a six mois de jours consécutifs, & successivement six mois de nuit.

Come tous les jours sous l'equateur sont de douze heures, & que le plus long jour sous chaque cercle polaire est de vingt quatre heures, la diférence de l'un à l'autre est de douze heures ; qui, partagées en vingt quatre demi heures, font vingt quatre climats de demi-heure chacun.

Le plus grand jour sous les cercles polaires etant de vingt quatre heures, & le plus grand jour sous les pôles etant de six mois, il s'ensuit de là que l'espace compris entre chaque cercle polaire & le pôle doit être divisé en six climats, pour faire que les plus grands jours y soient plus longs d'un mois à la fin qu'au comencement.

Ainsi il y a de deux sortes de climats, des climats de demi-heures, & des climats de mois. On en compte soissante en tous, trente depuis l'equateur jusqu'à chaque pôle; dont les vingt quatre premiers sont d'une demi heure chacun, & les six derniers sont de mois. Les climats de demi-heure comencent à l'equateur, & les climats de mois comencent aux cercles polaires.

Les intervales des climats ne sont pas tous egaux. Les climats de demi heure vont toujours en diminuant depuis l'equateur jusqu'aux cercles polaires, & les climats de mois augmentent à mesure que l'on aproche des pôles.

Voici une table de ces deux sortes de climats, où je marque la longueur du plus long jour, & combien chaque climat comprend de dégrez de latitude.

Table des climats de demi heure.

Climats.	Longueur des jours. heu. min.	Etendue des climats. Dégrez.	Minutes.
I.	12. 30.	8.	34.
II.	13. 15.	7.	50.
III.	13. 45.	7.	3.
IV.	14. 15.	6.	9.
V.	15. 45.	5.	17.
VI.	15. 15.	4.	30.
VII.	15. 45.	3.	48.
VIII.	16. 15.	3.	31.
IX.	16. 45.	2.	44.
X.	17. 15.	2.	17.
XI.	17. 45.	2.	0.
XII.	18. 15.	1.	40.
XIII.	18. 45.	1.	26.
XIV.	19. 15.	1.	13.
XV.	19. 45.	1.	1.
XVI.	20. 15.	0.	52.
XVII.	20. 45.	0.	44.
XVIII.	21. 15.	0.	36.
XIX.	21. 45.	0.	29.

XX.	22. 15.	0.	22.
XXI.	22. 45.	0.	17.
XXII.	23. 15.	0.	11.
XXIII.	23. 45.	0.	4.
XXIV	24. 0.	0.	1.

Table des climats des mois.

I.	1.	0.	0.	45.
II.	2.	0.	2.	15.
III.	3.	0.	3.	50.
IV.	4.	0.	5.	0.
V.	5.	0.	5.	50.
VI.	6.	0.	5.	50.

Ce que je viens de dire des climats par raport aux plus longs jours de l'eté, doit se dire dans la même proportion des plus longues nuits de l'hiver.

ABRÉGÉ DE LA GEOGRAPHIE MODERNE.

LA Géographie est une sience qui considère les diférentes parties qui composent la superficie du globe terrestre.

La terre se divise en quatre parties, l'Europe, l'Afrique, l'Asie & l'Amérique. L'Europe, l'Afrique & l'Asie sont comprises dans un même hémisphère, & ne composent qu'un seul continent, dont l'Europe & l'Afrique ocupent toute la partie occidentale, & l'Asie la partie orientale. Pour l'Amérique elle ocupe seule tout l'autre hémisphère, & fait un continent à part.

L'EUROPE.

L'Europe est bornée au couchant & au nord par l'océan, à l'orient par l'Asie & la mer méditerranée, & au midi par la même méditerranée qui la sépare de l'Afrique. Sa plus gran de longueur se prend depuis le cap

Saint Vincent en Portugal jusqu'au 60 dégré 30. minutes de longitude, ce qui fait onze cents lieues. Sa plus grande largeur se prend du midi au nord, depuis le cap Matapan en Morée jusqu'au Nord-cap en Norwége, ce qui fait neuf cents lieues.

Nous divisons l'Europe en douze grandes parties; trois au nord-ouest, savoir les îles Britanniques, le Danemark & la Suéde; six au milieu, ce sont du nord-est au sud-ouest, la Russie ou la Moscovie, la Pologne, l'Alemagne *, la France, l'Espagne & le Portugal; & quatre au sud-est, ce sont l'Italie, puis au nord-est la Hongrie, la Turquie & la petite Tartarie.

Come les mers méditerranées ocupent une assez grande partie de l'Europe, nous n'en pouvons placer la description plus à propos qu'en ce lieu.

Il y a en Europe trois mers méditerranées que forme l'ocean en entrant dans les terres; ce sont la mer blanche au nord, la mer Baltique vers le milieu, & la mer méditerranée au midi.

La mer blanche est une partie de l'océan septentrional qui entre dans la Russie.

La mer Baltique est cette partie de l'océan occidental qui entre dans la partie

* Sous le nom d'Alemagne nous comprenons la Bohême, les Paiis-bas & la Suisse.

septentrionale de l'Europe, & qui baigne la Suéde, la Pologne, l'Alemagne & le Danemark. La partie de cette mer depuis l'endroit où elle entre dans les terres jusqu'aux premiéres îles est apelée le Catégat ou le trou du Chat. La mer Baltique comence aux îles & finit à l'endroit où elle se partage en deux grands bras ou golfes, qui sont celui de Bothnie, qui s'étend vers le nord & le golfe de Finlande, qui s'avance vers le levant. Outre ces deux grands golfes, elle en forme encore deux autres plus petits, ce sont ceux de Riga & de Dantzick. Il y a trois détroits qui joignent la mer Baltique avec le Catégat : le plus fameux c'est le plus oriental qu'on apelle le Sund.

La mer Méditerranée s'etend du couchant au levant depuis les côtes d'Espagne jusqu'à celles de Sirie, aïant au sud les côtes de l'Afrique, & au nord celles de l'Europe & de l'Asie. Les François l'apellent quelquefois mer de Levant par oposition à l'océan qu'ils apellent aussi mer du Ponant. La partie qui baigne les côtes méridionales de l'Italie est apelée mer de Toscane, celle qui en baigne les côtes septentrionales est apelée golfe de Venise ou mer Adriatique. Celle qui baigne les côtes occidentales de la Turquie méridionale, est apelée mer Ionienne ;

& celle qui est comprise entre la partie méridionale de la Turquie & l'Asie, est apelée Archipel, & quelquefois mer blanche ou mer Egée.

On trouve au nord-est de l'Archipel trois autres mers, ce sont la mer de Marmara, autrefois la Propontide; la mer noire ou la mer majeure, jadis le Pont Euxin; & la mer de Zabache ou d'Asoph, autre-le Palus Méotides.

Il y a dans la Méditerranée quatre détroits fameux. Le premier est le détroit de Gibraltar, qui joint la méditerranée à l'océan; le second est le détroit des Dardanelles ou de Gallipoli, autrefois l'Héllespont, qui joint l'Archipel avec la mer de Marmara; le troisième est le détroit de Constantinople ou le canal de la mer noire, qui joint la mer de Marmara avec la mer noire; & le quatrième est le détroit de Caffa ou de Vespéro, autrefois le Bosphore Cimérien, qui joint la mer noire avec la mer de Zabache.

LES ISLES BRITANNIQUES.

Les deux principales des îles Britanniques sont l'Irlande au levant & la grande Bretagne au couchant.

L'Irlande.

L'Irlande est au couchant de l'Angleterre. Le Shannon dans la partie occidentale en est la principale riviére.

On divise l'Irlande en quatre grandes parties, une au nord c'est l'Ulster, deux au milieu, ce sont le Connaugh à l'occident & le Leinster à l'orient, & une au midi c'est le Munster.

Les principales viles de l'Ulster sont sur la côte occidentale Dunghall, au nord vers le milieu Londondery, & à son sud-est Armagh; puis sur la côte orientale Dundalke. Armagh est décoré d'un archévéché, auquel est ataché la primatie de l'Irlande.

Les meilleures viles du Connaugh sont sur la côte occidentale Slegbill & Gallwai, & au midi de Gallwai Clare sur le Shannon.

Dans le Leinster on trouve sur la côte orientale Dublin & Wexford. Dublin est la capitale d'Irlande & le siége d'un parlement, & Wexford est un port de mer.

Les principales viles du Munster sont, sur le Shannon Lymmerick, à son orient Cashel, sur la côte occidentale Dingle, port de mer; & sur la côte au sud-est on trouve trois ports de mer, ce sont de l'ouest à l'est Corck, Youghall & Watterford.

L'Ecosse.

La principale riviére d'Ecosse est le Tay qui la traverse de l'ouest à l'est, & se jette dans la mer d'Alemagne. Elle sépare l'E-

cosse

cosse en deux parties l'une septentrionale, & l'autre méridionale.

Les principales viles de la partie septentrionale sont, ſur la côte occidentale du nord au sud Aberdon université, & sur le Tay Dundée. Celles de la partie méridionale sont Saint André archévéché, & près le golfe de Forth au midi Edimbourg, capitale de toute l'Ecosse; puis au couchant, ſur la Clyd, Dumbritton la plus forte place d'Ecosse, Glascow archévéché & univerſité, Hamilton & Douglas. Ces deux derniéres ont doné le nom à deux illustres maisons.

Les îles qui dépendent de l'Ecosse sont à son occident les Westèrnes, & à son nord les Orcades.

L'ANGLETERRE.

L'Angleterre est ſituée entre le 12 & le 19 dégré de longitude, & entre le 50 & le 56e de latitude.

Elle est bornée au nord par l'Ecosse, au couchant par la mer d'Irlande, au midi par la Manche, & au levant par la mer d'Alemagne.

Parmi les riviéres d'Angleterre qui se déchargent dans la mer d'Irlande, les principales sont les quatre suivantes, savoir en començant par le nord, l'Eden, la Mersey, la Dée & la Saverne. De celles qui tombent dans la mer d'Alemagne, les principales sont les cinq suivantes, en començant aussi par le nord, la Twède, la Tyne, la Tée, l'Humber & la Tamise.

I Nous divisons l'Angleterre en cinq grandes parties, une au nord, trois au milieu, & une au sud. La partie qui est au nord comprend l'ancien roiiaume de Northumberland : les trois du milieu sont de l'ouest à l'est, la principauté de Galles, l'ancien roiiaume de Mercie & l'Eastanglie : la cinquiéme partie qui est au midi de la Tamise, comprend les provinces du sud.

L'ancien roiiaume de Northumberland est borné au couchant par cette partie septentrionale de la mer d'Irlande, qui avance le plus dans les terres, & au levant par la mer d'Alemagne. Ses bornes au nord sont l'embouchure de l'Eden & celle de la Twède, & au midi celles de la Mersey & de l'Humber.

Ce roiiaume comprend six provinces, trois à l'occident, dont deux sont maritimes, savoir le Cumberland & le Lancastre, & la troisième est dans les terres entre les deux précédentes, c'est le Westmorland; les trois autres sont à l'orient, ce sont celles de Northumberland, de Durham & d'Yorck.

Carlile sur l'Eden est la capitale du Cumberland; à son midi est Kendal, qui l'est du Westmorland, puis Lancastre qui l'est aussi de sa province; au midi de Lancastre est Preston, jolie vile.

Le Northumberland au nord a à l'embouchure de la Twède Barwick, & au midi sur la Tyne, Neucastle. Durham evéché sur la Wére est la capitale de sa province. Dans celle d'Yorck on trouve au nord Richemond, au sud-est Yorck capitale & archévéché, & sur l'Humber, Hull.

II. La principauté de Galles comprend douze provinces qui ont toutes le titre de comté. Quatre sont sur la côte septentrionale, savoir l'île d'Anglesey, puis Caernarvan, Denbigh & Flint; trois sur la côte occidentale, Mérioneth, Cardigan & Penbrock; deux sur la côte méridionale, Caermarden & Glamorgan; & trois à l'orient entre Denbigh & Glamorgan, savoir Mongomeri, Radnor, & Brecknock.

Les principales viles de ces provinces sont dans l'île d'Anglesey Bewmarish, dans le Caernarvan sur la côte septentrionale Caernarvan & Bangor; Denbigh est dans la province de même nom, & dans celle de Flint sont S. Asaph & Flint. La capitale du Mérioneth est Harlech sur la côte; celle du Cardigan est Cardigan au midi. Dans la province de Penbrock sont, à l'ouest S. David, & au sud Penbrock.

Caermarden est la capitale de sa province. & dans celle de Glamorgan sont, sur la Saverne, Landaf & Cardif.

Des troisprovinces qui sont dans les terres, celles deMongomeri & deRadnor ont pour capitale chacune une vile du même nom & située au nord, & celle de Brecknock a la vile de Brecknock.

III. L'ancien roiiaume de Mercie comprend quinze provinces. Quatre sont au nord Chester, Darby, Nottingham & Lincoln ; trois au couchant entre le Chester & l'embouchure de la Saverne, ce sont Shrowsbury, Héreford & Monmouth qui est bornée au midi par l'embouchure de la Saverne. Trois au midi, savoir celle de Glocester que la Saverne traverse avant son embouchure, puis en suivant la Tamise, celles d'Oxford & de Buckingham. Trois à l'orient, ce sont du sud au nord pour achever le circuit, celles de Bedfort, de Huntington & de Northampton. Enfin cinq au milieu, dont trois sont à l'orient de Shrowsbury, savoir celles de Stafford, de Leicester & de Rutland, & deux à l'orient de Héreford, ce sont celles de Worchester, qui est traversée par la Saverne, & celle de Warwick.

Voiions maintenant les principales viles de ces quinze provinces, en començant par les quatre qui sont au nord.

Celle de Chester a sur la Dée Chester vile episcopale, & le grand passage d'Angleterre en Irlande. Dans celle de Darby vers le midi est Darby; dans celle de Nottingham sur la Trent & au midi est Nottingham. Le Lincoln, adans la partie occidentale Lincoln, & au sud Stanford & Boston.

Passons aux trois provinces qui sont au couchant. Celle de Shrowsbury a sur la Saverne Shrowsbury; celle de Héreford a sur la Wye Héreford; & celle de Monmouth a aussi sur la Wye Monmouth.

Venons aux trois qui sont au midi. Celle de Glocester a sur la Saverne Glocester, & sur la lisiére méridionale Bristol; celle d'Oxford a au nord Banbury, & au midi sur l'Ise Oxford la plus célébre université d'Angleterre; pour celle de Buckingham, elle a sur l'Ouse Buckingham.

Des trois provinces qui sont à l'occident, celle de Northampton a sur la Nyne au nord-est, Péterbouroug evéché, & à son sud-ouest Northampton, une des plus belles viles d'Angleterre. Celle de Huntington a sur l'Ouse Huntington, & celle de Bedford a aussi sur l'Ouse Bedford, gros bourg.

Des trois provinces qui sont à l'orient de Shrowsbury, celle de Stafford a vers le milieu sur la Trente Stafford capitale, & au sud-est Lichfield evéché; celle de Lei cester a aussi vers le milieu Leicester, & celle de Rutland la plus petite de toute l'Angleterre a Oakam.

Enfin des deux provinces qui sont à l'orient de Héreford, celle de Worchester a pour capitale Worchester sur la Saverne ; & celle de Warvick a sur l'Avon Warvick & au nord-est Coventry.

IV. La partie orientale d'Angleterre comprend six provinces : trois dans les terres, ce sont du nord au sud celle de Cambridge à l'orient du Huntington, puis à son midi celles de Hartford & de Middlesex ; & trois ma-ritimes Norfolk, Suffolk & Essex.

La province de Cambridge a sur l'Ouse Ely evéché, & à son midi Cambridge, la seconde université d'Angleterre. Celle de Hartford a sur le Léa dans la partie méridionale, S. Albans & Hartford. Dans celle de Middlesex sont sur la Tamise, Brentford, Westminster & Londres. Westminster est maintenant la partie occidentale de Londres ; ces deux viles autrefois séparées n'en font plus qu'une, qui est la capitale d'Angleterre, & la plus peuplée de l'Europe après Paris.

La province de Norfolk a dans la partie occidentale Donneham sur l'Ouse, & dans la partie orientale Norwich sur l'Yare, puis Yarmouth port de mer. La province de Suffolk a pour capitale Ipswich au midi, &

celle d'Essex a Colchester dans la partie orientale. A son levant est Harwich port de mer, d'où partent deux fois la semaine les paquébots pour la Holande. Maldon autre vile est au sud-ouest de Colchester.

V. La partie méridionale d'Angleterre comprend dix provinces. Quatre sont au septentrion, savoir celle de Somerset au midi du canal de S. George, & les trois autres sont au midi de la Tamise, savoir celles Wilt, de Bark & de Surrey. Les six autres sont au midi le long de la Manche, ce sont, de l'ouest à l'est, celles de Cornouaille, de Dewon, de Dorset, de Southampton, de Sussex & de Kent.

La province de Somerset a pour capitale Bath au nord-est, & à son sud-ouest Wells; celle de Wils a au midi Salisbury; celle de Barck a pour principal lieu Redding bourg sur la Tamise, aussi bien que Windsor; & celle de Surrey a vers le milieu Guilford, & sur la Tamise Kingston.

Des six provinces méridionales celle de Cornouaille n'a point de viles : son principal bourg est Leswithell, & le plus fréquenté de ses ports est celui de Falmouth. Les ports de Darmouth & de Plymouth sont dans la province de Dewon, qui a pour capitale Excester sur l'Ex sa principale riviére. La capitale de Dorset est Dorchester vers le milieu & au midi. Les viles de Southampton sont, sur l'Ichting Winchester, & à l'embouchure de cette même riviére Southampton & Portsmouth. La province de Sussex a sur la côte Chichester, Arundel, Lewes, Hasting où débarqua Guillaume le conquérant, & Rye.

On voit dans celle de Kent à l'orient de Londres sur la Tamise Greenswich, maison roiiale & Gravesend, avec un port très fréquenté ; puis Rochester evéché sur la Medway, & un peu au dessous Chattam, gros vilage où sont les magazins & les chantiers pour les vaisseaux du roi;ensuite Cantorbery capitale & le premier archévéché d'Angleterre. Les ports les plus célébres sont sur la Manche de l'ouest à l'est, Romey, Hyth, Douvre & Sandwich : Douvre est le grand passage d'Angleterre en France.

Les îles qui dépendent de l'Angleterre sont, dans la mer d'Irlande les îles de Man & d'Anglesey ; les Sorlingues au couchant de Cornouaille ; dans la Manche Guernesey & Jersey à l'occident des côtes de Normandie, & Wight au midi de la province de Southampton.

LE DANEMARCK.

La longitude du Danemarck est depuis le 25 dégré 25 minutes jusqu'au 30 dégré 30 minutes, & sa latitude depuis le 54 dégré jusqu'au 57e 30 minutes.

L'état de Danemarck se divise en trois grandes parties : ce sont le Danemarck au midi ; la Norwége au nord, & l'Islande au couchant de la Norwége.

I. Le Danemarck se divise en terre ferme & en îles.

La terre ferme est une presqu'île qui est apelée le Jutland. Dans la partie septentrionale est le golfe de Limford, au midi duquel est Wiborg capitale & evéché. Dans la partie méridionale sur la mer d'Alemagne, sont Rypen evéché & Tonningen, deux ports de mer. Sur la mer Baltique sont Flensbourg & Sleswick, toutes deux dans la partie méridionale ; elles apartiennent au duc de Holstein Gottorp.

Les deux principales des îles du Danemarck sont celle de Fionie au couchant, & celle de Zélande à son orient. La capitale de Fionie est Odensée evéché. Copenhague capitale de tout le roiiaume est dans l'île de Zélande & sur le détroit du Sund ; au nord & où le Sund a le moins de largeur est Cronebourg qui en est la clef.

II. La partie méridionale de la Norwege est par le 23 & le 30e dégré de longitude ; & sa partie septentrionale par le 30e & le 50e dégrez. Sa latitude est depuis le 57e dégré le 43 minutes jusqu'au 71e 30 minutes.

Lesprincipales viles de la Norwége sont sur la côte méridionale, Anslo autrement

Christiania capitale, & Fridericstat, deux ports de mer. Sur la côte occidentale du sud au nord, on trouve Stavanger, Berghen & Dronthem, trois autres ports de mer. Dronthem est le siége d'un evêque, elle etoit autrefois capitale du roiiaume de Norwége & arquiépiscopale. A son nord est le redoutable goufre de Maelstroem.

III. Skalhot evêché la capitale de l'Islande. Les îles de Féro au nord de l'Ecosse sont une dépendance de l'Islande.

LA SUEDE.

La Suéde s'etend depuis le 28e dégré 20 minutes de longitude jusqu'au 49e, & depuis 55e 20 minutes de latitude jusqu'au 69e 30 minutes.

La Suéde est bornée dans sa partie méridionale au couchant par le Catégat, puis en tirant vers le nord par la Norwége ; au nord par la même Norwége, à l'orient par la grande Russie, & au midi par le golfe de Finlande & par la mer Baltique.

Les plus considérables viles de la Suéde sont, sur le Catégat Gothebourg port de mer ; dans la partie la plus méridionale Lunden université, & Carelscroon bon port sur la mer Baltique. A l'oposite du golfe de Finlande est Stokolm capitale de tout le roiiaume ; cette vile est bâtie sur pilotis, avec un port très-vaste. A son nord-ouest est Upsal archévéché. Au fond du golfe de Bothnie en Torn.

Le golfe de Finlande est borné au nord par trois provinces, la Finlande, le Nyland & la Carélie. Abo université, est dans la Finlande & à l'entrée du golfe de Bothnie. La Carélie est maintenant partagée entre la Suéde qui en posséde la partie occidentale, & la Russie qui en posséde la partie orientale. A l'extrémité septentrionale du golfe de Finlande est Wiborg capitale de la Carélie Russienne, avec un port de mer & un evéché.

La partie septentrionale de la Suede & de la Moscovie européane est apelé Laponie, & les peuples Lapons. La Laponie russienne, qui est la partie orientale, a pour principale vile Kola.

LA RUSSIE OU LA MOSCOVIE.

La grande Russie, que l'on apelle aussi assez mal à propos Moscovie, se divise en européane & en asiatique.

La Russie d'Europe est entre le 41 & le 67 dégré de longitude, & depuis le 47e 20 minutes jusque près du 70 de latitude.

La Russie européane a pour bornes au nord l'océan septentrional ; au couchant les etats de Suéde & de Pologne ; au midi la petite Tartarie; & au levant elle a les mêmes bornes que l'Europe.

Les quatre principales riviéres de la Russie européane sont la Duina, la Duna, le Don & le Wolga; la Duina tombe dans la mer blanche, la Duna dans le golfe de Riga & le Don dans la mer d'Azof; pour le Wolga il a sa source à l'orient de celle de la Duna, coule lontemps vers le levant, puis vers le midi, & se jette dans la mer Caspienne.

Les principales viles de la Russie sont Archangel à l'embouchure de la Duina, & à son midi Moskou capitale de la Moscovie.

Les deux provinces les plus conues de cet etat sont la Livonie au midi du golfe de Finlande, & l'Ingrie aussi au midi du même golfe & de la Néva, c'est le nom de la riviére qui joint le golfe de Finlande avec le lac Ladoga. Riga à l'embouchure de la Duna est la capitale de la Livonie; les autres viles considérables sont sur le golfe de Riga au nord, Pernaw & sur celui de Livonie, Révél & Nerva.

Pétersbourg, vile nouvellement bâtie par Pierre le grand dans une île, que forme la Néva a son embouchure dans le golfe de Finlande, est la capitale de l'Ingrie & la résidence de la cour de Russie. Cette vile est composée de trois îles, qui sont celle du prince Menzikof au couchant celle de Pétersbourg à son levant, & celle de l'Amirauté au midi des deux précédentes. A l'occident est l'île de Cronslot avec un fort & un bourg de même nom; on l'apeloit auparavant Rétusari. A l'extrémité orientale de la Néva est Nottebourg ou Oresca, ci-devant capitale de l'Ingrie.

LA POLOGNE.

La Pologne est entre le 38. & le 53. dégré de longitude, & entre le 47. & 56. de latitude.

La Pologne est bornée au couchant par la mer Baltique, le Brandebourg & la Silésie; & au midi par la Hongrie, la Transilvanie & la Moldavie. Au nord & à l'orient elle est bornée par les états de la grande Russie.

Les principales riviéres du roiiaume de Pologne sont au nombre de huit; une au nord, c'est la Duna; trois dans la partie occidentale, ce sont le Mémel ou le Niémen, la Vistule, ces deux se perdent dans le golfe de Dantzick, & la Warta qui se perd dans l'Oder; une au milieu c'est le Bug qui tombe dans la Vistule; deux à l'orient, le Przypet qui se jette dans le Niéper, & le Niéper qui est le Boristhene des anciens, & qui s'embouche dans la mer noire. Enfin une au midi, c'est le Niéster qui se perd aussi dans la mer noire.

Les états de Pologne se divisent en trois grandes parties, qui sont la Prusse & la Lithuanie au nord, & le roiiaume de Pologne au midi.

I. La Prusse se divise en Prusse polonoise ou roiiale, & en Prusse ducale.

La Prusse polonoise a Dantzick sur le bras occidental de la Vistule; Mariebourg, sur le bras oriental apelé le Nogat; & sur la Vistule Culm & Torn. Dantzick est une vile libre & sous la protection du roi de Pologne, très-riche & très comerçante.

La Prusse ducale compose aujourd'hui le roiiaume de Prusse qui apartient à l'electeur de Brandebourg. Ses principales viles sont Mémel à l'embouchure de la riviére de même nom, & Koenigsberg qui en est la capitale sur le Prégel.

II. Le grand duché de Lithuanie se divise en trois parties, qui sont du couchant au levant, la Samogitie, la Lithuanie propre & la Russie lithuanienne.

Midnick evéché & Rosienne sont les meilleures places de la Samogitie. Vilna evéché sur la Vilia riviére qui tombe dans le Mémel, est la capitale de la Lithuanie & du palatinat de son nom. A son sud-ouest est Troki capitale d'un autre palatinat; puis sur le Mémel est Grodno où se tient tous les trois ans une diette générale du roiiaume.

La Russie lithuanienne comprend six

palatinats, deux au nord, qui ont pour capitales l'un Poloczko & l'autre Witepsk, deux viles sur la Duna; un à l'orient c'est celui de Mzcislaw, au sud-est de Witepsk, la plus forte place de la Lithuanie. Deux; au milieu, celui de Novogrodeck à l'orient de Grodno, puis au nord-est celui de Minsko; & un au midi de Grodno c'est celui de Bressici ville arrosée par le Bug.

Le duché de Courlande au nord de la Samogitie a son duc particulier qui réside à Mittaw, vile au midi de Riga, mais Goldingen à son couchant en est la capitale.

III. Le roiiaume de Pologne comprend deux grandes parties, la Pologne au couchant & la Russie au levant.

La Pologne se divise en grande & en petite.

La grande Pologne comprend quatre provinces, que l'on trouve en cet ordre de l'ouest à l'est, la grande Pologne propre, la Cujavie, la Mazovie & la Polaquie.

La grande Pologne contient sept Palatinats; le premier & le plus considérable de tous est celui de Posnanie qui a pour capitale Posna sur la Warta, & à son orient Gnesne archévéché, & autrefois capitale de toute la Pologne. Au midi de Gnesne est Kalisch qui done son nom à un palatinat, de même que Sirad à son orient. Sur la Warta à l'orient de Sirad est Petrikow, où il y a un tribunal supérieur pour toutes les afaires de la grande Pologne. Les capitales des quatres autres palatinats sont au nord de Petrikow, Lencici & Rawa, puis encore plus au nord & à la droite de la Vistule, Dobrzin & Ploczko.

Wladislaw sur la Vistule est la capitale de la Cujavie; Varsovie aussi sur la Vistule l'est de la Mazovie, & Bielsko de la Polaquie. C'est à Varsovie qu'est la cour de Pologne.

Les viles les plus considérables de la petite Pologne sont, sur la Vistule, Cracovie & Sendomir, puis au nord nord-est Lublin. Ces trois viles donent leur nom chacune à un palatinat; Cracovie est la capitale de tout le roiiaume & le lieu du couronnement des rois, Lublin est célébre pour ses trois foires d'un mois chacune.

La Russie polonoise comprend trois provinces, la Russie propre à l'ouest, & à l'est la Volhynie & la Podolie.

Limberg archévéché sur le Bug est la capitale de la Russie; les autres viles sont au nord, Belcz & Chelm capitales chacune d'un palatinat.

La Volhynie a à l'ouest Lucko ou Lusuc, & à l'est sur le Niéper Kiovie qui apartient aux Moscovites; ces deux viles donent leur nom chacune à un palatinat.

La Podolie a Kaminiec la plus forte place

place de la Pologne, & à son orient Braclaw, toutes deux capitales chacune d'un palatinat. La partie orientale de la Volhynie & de la Podolie, est comunément apelée Ukraine, c'est à dire frontiere : c'est le païs des Cosaques, & il apartient maintenant à la Russie.

L'ALEMAGNE.

La longitude de l'Alemagne est depuis le 23e dégré jusqu'au 37e, & sa latitude depuis le 46 dégré jusqu'au 55.

L'Alemagne a six grandes riviéres, cinq dans la partie septentrionale; savoir le Rhin, l'Ems, le Wéser, l'Elbe & l'Oder, & une dans la partie méridionale, c'est le Danube, qui coule d'occident en orient. Le Rhin, l'Ems, le Wéser & l'Elbe se déchargent dans la mer d'Alemagne, & l'Oder dans la mer Baltique.

La division de l'Alemagne est en dix grandes parties, dont neuf portent le nom de cercles, & la dixième celui de roiiaume.

De ces neuf cercles trois sont au nord, trois au milieu & trois midi. Les trois au nord sont ceux de Westphalie, de basse Saxe & de haute Saxe. Les trois du milieu sont ceux du bas Rhein, du haut Rhein & de Franconie, puis le roiiaume de Bohême. Les trois au midi sont, en suivant le cours du Danube qui les traverse, la Souabe, la Baviére & l'Autriche.

I. Le cercle de Westphalie.

Les riviéres du cercle de Westphalie sont 1°. la Meuse, le Rhein, l'Ems, & le Wéser, qui dégorgent toutes quatre dans la mer d'Alemagne ; 2°. la Lippe & la Roer qui tombent toutes deux dans le Rhein à droite.

Le cercle de Westphalie est partagé par l'Electorat de Cologne, qui est du cercle du bas Rhein, en deux parties l'une à la gauche du Rhein, & l'autre à la droite.

La partie qui est à la gauche, comprend l'evéché de Liége, qui est le long & presque tout à l'occident de la Meuse. On y trouve du nord au sud Horn, qui a doné le nom à l'illustre maison d'Horn, & sur la Meuse Mastricht, Liége capitale, Hui & Dinant. Mastricht est possédée par l'evéque de Liége & les Holandois.

A l'orient de l'evéché de Liége & du Limbourg est le duché de Juliers : ses viles sont à l'occident Aix la Chapelle, vile impériale, & à son orient Juliers capitale, puis Turcheim. On apelle viles impériales les viles d'Alemagne qui ne reconoissent aucun prince pour leur souverain, mais qui sont libres, & come autant de petites républiques.

Sur le Rhein est le duché de Cléves au roi de Prusse. Cléves à la gauche du Rhein en est la capitale. Les autres viles de ce duché sont sur la rive orientale du Rhein Emmerick, Wésel & Duysburg : ces deux derniéres sont impériales.

Les principales viles de la partie qui est à la droite du Rhein sont, à l'embouchure de l'Ems, Embden aux Holandois, à son midi Munster evéché, puis sur le Rhein & Dusseldorp, capitale du comté deBerg, qui apartient au roi de Prusse, aussi bien que le comté de la Marck qui est traversé par la Roer. Osnabrug evéché est à l'orient de Munster: & Paderborn autre evéché est au sud-est. Au midi est Herborn université, & sur la Lahne Nassau & Dietz.

La partie orientale a vers le nord Oldenbourg, & à son sud-est Delmenhorst. Sur le Wéser sont Hoie, qui done le nom à un comté, puis Minden evéché sécularisé. Au nord de Hoie est Werden evéché aussi sécularisé ; au midi de Minden est Lemgow, université.

II. Le cercle de Basse Saxe.

La Basse Saxe est ainsi apelée parce qu'elle est dans la partie basse de l'Elbe qui la traverse de l'est à l'ouest, & qui la partage en deux parties, l'une septentrionale & l'autre méridionale.

La partie septentrionale contient trois duchez rangez en cet ordre de l'ouest à l'est, le duché de Holstein, celui de Lawenbourg & celui de Mekelbourg. On trouve dans le Holstein sur l'Elbe Gluckstat & Altena, & au nord sur la mer Baltique Kiell. Lubeck vile impériale est au midi de Kiell ; l'evêque de Lubeck réside à Eutyn au nord. Hambourg & Lawenbourg sont toutes deux sur l'Elbe. Hambourg est la plus grande & la plus riche vile de toute l'Alemagne.

Le duché de Meckelbourg est au midi de la mer Baltique. On y trouve dans les terres, au couchant Swérin, & au nord-est Gustrow & Rostock université.

Dans la partie méridionale on voit sur le Wéser Brême, qui avant l'hérésie de Luther étoit archévéché, & Hamelen. Au midi de Hambourg est Hanovre capitale de l'electorat de même nom, & à son sud-est sont Lunebourg puis Danneberg.

On trouve dans la partie méridionale & au levant de Hamelen Hildesheim evéché catholique, Brunswick & Wolfenbutel, Halberstat evéché sécularisé, & sur l'Elbe Magdebourg archévéché aussi sécularisé.

III. Le cercle de Haute Saxe.

Le cercle de Haute Saxe se divise en trois grandes parties, qui sont du nord au sud la Poméranie, la marche de Brandebourg & la Saxe.

Ses principales riviéres sont, en décendant du nord-est au sud-est, l'Oder, l'Elbe & la Sala qui se décharge dans l'Elbe à la gauche.

Stralsund sur la mer Baltique à l'ouest & Stettin sur l'Oder sont les principales viles de la Poméramie : Celles du Brandebourg sont sur le Havel, riviére qui tombe dans l'Elbe à droite, Brandebourg, à son orient Potsdam, Berlin résidence ordinaire de l'électeur, & sur l'Oder Francfort université.

La Saxe se divise en quatre parties, deux à l'occident, la principauté d'Anhalt & le Landgraviat de Thuringe, & deux à l'orient, savoir le duché & electorat de Saxe, & le marquisat de Misnie.

Bernbourg sur la Sala est la capitale de la principauté d'Anhalt. Les principales viles de la Thuringe sont situées dans la partie méridionale, & ce sont de l'ouest à l'est Eysenach, Gotha, Erford, Weimar, & sur la Sala Iena avec une université fameuse.

Wittemberg sur l'Elbe est la capitale du duché de Saxe. Dans le marquisat de Misnie on voit aussi sur l'Elbe Meissen & Dresde : Meissen est la capitale de Misnie, & Dresde est la résidence ordinaire de l'électeur. On trouve encore dans la Misnie sur la Sala Hall université & autrefois evéché, aussi bien que Mersbourg & Naumbourg, toutes deux sur la même riviére. A l'orient de Hall est Leypzick vile très comerçante, & célébre université.

IV. *Le cercle du bas Rhein.*

Le cercle du bas Rhein est ordinairement apelé le *cercle electoral*, parce qu'il renferme les etats de quatre electeurs, qui sont les archévêques de Maïence de Tréves & de Cologne, & l'electeur Palatin.

Les principales riviéres de ce cercle sont le Rhein, la Moselle, le Mein & le Neckre. Le Rhein reçoit la Moselle à sa gauche, & a sa droite le Mein & le Neckre.

Les principales viles de l'electorat de Cologne sont, sur le Rhein en le remontant, Keyserwert, Nuys, Cologne archévéché & vile impériale, puis Bonn capitale de l'electorat, & Andernach.

Les viles les plus considérables de l'electorat de Tréves sont sur la Moselle Tréves, Coblentz à l'embouchure de la Moselle dans le Rhein, & à l'oposite sur la rive orientale est Hermanstein place forte où réside l'electeur. Au midi de Coblentz sur la rive occidentale du Rhein est Boppart. Et en rémontant le Rhein on trouve la forteresse de Rheinfels & Saint Goar qui apartiennent à la maison de Hesse, puis Ober Wésel de l'electorat de Trèves. De là au sud-est & sur la rive orientale du Rhein est Caub.

Dans l'electorat de Maïence on trouve sur le Rhin à l'embouchure de la Nahe Bingen, à l'embouchure du Mein dans le Rhein

Maïence archévéché & capitale de son electorat, puis sur le Mein Aschaffenbourg.

Le Palatinat (c'est ainsi qu'on apelle l'etat de l'electeur Palatin) est de deux cercles. La partie occidentale qui confine à l'electorat de Tréves, est du Haut Rhein & la partie orientale est du Bas Rhein.

Dans la partie occidentale on trouve sur la Moselle Traerbac & à son midi Weldentz capitale du comté de même nom. Puis sur la Nahe en la décendant on rencontre Birkenfeld, Oberstein, Thaun & Rheingravenstein. Au nord est Simmeren, à son sud-est Spanheim, & sur le Lautre riviére qui tombe dans la Nahe sont Lautreck & Caseloutre. Au sud-est de Lautreck est Reipoltzkirck qui a à son levant Falkenstein.

Dans la partie orientale on trouve du nord au sud Creutznac sur la Nahe, à son sud est Altzey, puis au midi Newlinange, Durckeim & Neustadt. En remontant le Rhein on voit sur la rive occidentale au midi de Maïence Oppenheim, puis Worms & Speyre deux evéchez & Germersheim. Au midi de Worms est Frankendal à deux lieues du Rhein. Sur la rive orientale sont Manheim & Philisbourg. Manheim est à l'embouchure du Neckre dans le Rhein, c'est la résidence de l'electeur Palatin. Sur le Neckre sont, Heidelberg capitale du Palatinat & université ; puis Wimpfen à l'orient.

La partie méridionale du Palatinat qui est au couchant du Rhein est à la France. On y trouve au nord Landau, puis de l'ouest à l'est Berg Zabern & Rhein Zabern, & sur le Loutre, riviére la plus meridional sont Weissenbourg & Loutrebourg.

V. Le cercle du Haut Rhein.

V. Le cercle du haut Rhein comprend plusieurs etats détachez les uns des autres, dont les uns sont à la gauche du Rhein, & les autres à la droite.

Les etats qui sont à la gauche du Rhein sont 1°. le duché de Deuxponts entre la Lorraine & le Palatinat ; il a pour capitale Deuxponts. 2°. L'evéché de Bâle au midi de l'Alsace, il apartient à l'evêque qui réside à Porentru qui en est la capitale. Avant que Louis XIV eut fait la conquête de l'Alsace, cette province qui etoit du cercle du haut Rhein, joignoit ensemble ces deux etats.

Les etats qui sont à la droite du Rhein sont 1°. la Hesse située entre la Westphalie au nord-ouest & le cercle de Franconie. On y trouve sur la Lahne en la remontant, Wetzlar où est la chambre impériale, Giessen & Marpurg, deux universitez.

Au septentrion de Marpurg est l'E-

der

l'Eder qui traverse les comtez de Hirchfeld & de Waldeck. Dans la partie orientale, sur la Fulde, sont Cassel & Fulde: Cassel est la capitale du Landgraviat de Hesse & la résidence du Landgrave; & Fulde apartient à son abé, qui est prince de l'empire. 2°. Francfort; il est sur le Mein & il a à son midi Darmstadt. Francfort est une vile impériale & le lieu où se fait l'election de l'empereur.

VI. Le cercle de Franconie.

Le Mein est la principale riviére de la Franconie. Les principales viles sont au nord Smalcald, & à son midi Henneberg. Sur le Mein on voit Wertheim, qui done le nom à un comté, Wirtzbourg evéché, Bamberg aussi evéché, & Culembac. Au midi de Bamberg est Nuremberg vile impériale & une des plus belles d'Alemagne, puis Aichstet troisième evéché. A l'orient de Nuremberg est Altorf, université. Au sud-ouest sont Holac comté, & Anspac marquisat.

VII. Le cercle de Souabe.

Les deux principales riviéres de la Souabe sont le Neckre & le Danube.

Les viles les plus considérables de ce cercle sont dans la partie occidentale du nord au sud Dourlach, Etlingue, Rastadt, & Bade : sur le Rhein Brisac, & à son orient Fribourg en Brisguau; sur le Neckre sont

Hailbron vile impériale, Stutgard capitale du duché de Wirtemberg & Tubingue, université. Au nord-est sont Hall vile impériale, Oeting & Nordlingue. Ulm aussi vile impériale est sur le Danube : à son orient sont Burgau, capitale d'un marquisat de même nom, & Ausbourg autre vile impériale.

Au midi sur le Rhein sont les quatre viles forétiéres qui apartiennent à la reine de Hongrie, ce sont Rheinfeld Seckingen, Lauffenbourg & Waldshout.

Sur le lac de Constance au midi est Constance evéché. Cette vile est à la reine de Hongrie, & l'evêque réside à Mersebourg Au sud-est sont Wangen, & Kempten qui apartient à son abé.

VIII. Le cercle de Baviére.

Le cercle de Baviére contient le palatinat de Baviére au nord & le duché au sud.

Amberg est la capitale du Palatinat. On trouve dans le duché en suivant le cours du Danube, Donawert & Neubourg (ces deux viles avec le duché de Neubourg apartiennent à l'electeur palatin) puis Ingolstat, Stadt am Hoff, Ratisbone, Straubing, & à l'embouchure de l'Inn dans le Danube Passau. Ratisbone est une vile impériale, c'est où se tiennent les diettes de l'empire, & Passau est à son evêque.

Sur l'Isel on trouve en la remontant Landshout, Freisingue, evéché & Munich capitale du duché & résidence des ducs. Sur l'Inn est Braunau, & sur la Saltz sont Bourckausen & Saltzbourg riche archévéché avec son territoire : au couchant de Saltzbourg est Chiemzée evéché.

IX. Le cercle d'Autriche.

IX. Le cercle d'Autriche comprend l'archiduché d'Autriche qui est traversé par le Danube, & les païis héréditaires de la maison d'Autriche.

Les viles de l'archiduché sont, sur le Danube Lintz capitale de la haute Autriche, Vienne, archévéché & capitale de tout l'archiduché. A son midi est Neustat.

Les païis héréditaires de la maison d'Autriche sont situez au midi de la Souabe orientale, de la Baviére & de l'archiduché : ils composent quatre provinces, ce sont en començant par l'occident, le Tirol, la Carinthie, la Stirie & la Carniole.

Les deux principales riviéres du Tirol, sont l'Inn au nord & l'Adige au midi.

Les principales viles du Tirol sont, à l'extrémité orientale du lac de Constance, Brégentz, sur l'Inn Inspruck capitale, puis au sud-est Brixen, & sur l'Adige Trente : ces deux derniéres viles sont episcopales.

Dans la Carinthie vers le milieu on trouve, du nord au sud Gurck, S. Veit & Clagenfurt. Dans la Stirie sur le Muer sont Judenbourg

& Gracz ; & dans la Carniole on trouve de l'ouest à l'est Gorice, Laubach & Cilley, & sur le golfe de Venise, Trieste.

X. LE ROYAUME DE BOHEME.

Le roiiaume de Bohême est borné à l'occident par la Franconie & le palatinat de Baviére, & au midi par l'Autriche : au nord il est borné par la Saxe, & à l'orient par la Pologne.

Ce roiiaume jusqu'ici a apartenu à la maison d'Autriche. Il comprend quatre grandes provinces, dont deux sont occidentales, la Lusace au nord, & la Bohême propre au midi ; & deux orientales, la Silésie & la Moravie.

I. La Lusace.

La Lusace a eté cédée par les empereurs à la maison de Saxe. La Sprée qui la traverse du sud au nord, l'a fait diviser en haute au midi, & en basse au nord.

Guben sur la Sprée eſt la meilleure vile de la baſſe Lusace : dans la haute on trouve au midi, de l'ouest, à l'est Budissen & Gorlitz, qui en est la capitale.

II. La Bohême.

Les deux principales riviéres de la Bohême sont l'Elbe & le Moldau.

L'Elbe y a sa source au nord-est, & en traverse la partie septentrionale.

Le Moldau y a aussi sa source au sud-ouest & après avoir coulé à l'est il tourne tout à coup au nord & va confondre ses eaux avec celles de l'Elbe. Come cette riviére qui coule du sud au nord, partage la Bohême en deux parties à peu près egales, elle nous fournit une division de cette grande province en deux parties, l'une occidentale par raport à ce fleuve, & l'autre orientale; & chacune de ces deux parties comprend six cercles en quoi la Bohême se divise.

Des six cercles que la partie occidentale contient, deux sont au nord-ouest & confinent à la Saxe; ce sont ceux de Leitomeritz, & Saatz un est au sud-est & confine avec le palatinat de Baviére, c'est celui de Pilsen: les trois autres sont le long & à l'occident du Muldau, savoir ceux de Rakonitz, de Béraun & de Prachin.

Des six cercles qui sont dans la partie orientale trois s'etendent du nord au sud, celui de Buntzel entre la Lusace & l'Elbe, & les deux autres à l'orient du Moldau sont ceux de Kaurzim & de Béchim. Des trois autres celui de Konigingretz est à l'orient du Buntzel: & les deux autres à l'orient de Kaurzim sont ceux de Czaslau, puis de Chrudim, qui confinent tous deux à la Moravie.

A ces douze cercles il faut ajouter le territoire d'Egra qui est à l'occident du cercle de Saatz, & le comté de Glatz qui est à l'orient du cercle de Konigingretz.

De toutes les riviéres qui sont dans la partie occidentale, les trois plus considérables sont l'Eger qui tombe dans l'Elbe, la Miza & la Wottava qui tombent dans le Muldau.

Les principales viles sont, sur l'Eger Egra capitale de son territoire, puis dans le cercle de Saatz aussi sur l'Eger, Falkenau, Elnbogen, Caaden, Saatz & Laun. Dans le cercle de Leitomeritz, sur la rive occidentale de l'Elbe est Aussig, & sur la rive orientale Leitomeritz. Dans celui de Pilsen on voit sur la Miza de l'ouest à l'est Tachau, Meisse & Pilsen.

Les principales viles du cercles de Rakonitz sont, sur l'Elbe Raudnitz, puis au sud-ouest Rakonitz. Beraun sur la Miza est la capitale de son cercle; on y voït encore sur le Moldau Prague, capitale du roiiaume, ornée d'un archévéché & d'une université. Les principales viles du cercle de Prachin sont sur la Wottava Schutten, Strakonitz & Pisek.

Les viles du cercle de Buntzel sont Melnik à l'embouchure du Moldau, & sur l'Elbe Nimburg.

Les viles du cercle de Kaurzim sont, sur l'Elbe Kosteletz, & au sud est Kaurzim.

On trouve dans le cercle de Béchin, au nord-ouest sur le Lohénitz, Béchin & Tabor, & dans la partie méridionale sur le Muldau Budweis.

Dans le cercle de Koningingretz on voit sur l'Elbe du nord au sud Arnau, Jaromitz & Konigingretz evéché.

Dans le cercle de Czaslau est au nord Kuttenberg, & à son sud-est Czaslau.

Dans le cercle de Chrudim sur l'Elbe est Pardubitz & à son midi Chrudim.

Les viles du comté de Glatz sont, sur la Neiss Glatz, & à son midi Habelswerd.

III. La Silésie.

La Silésie qui est à l'orient de la Lusace, de la Bohême propre & de la Moravie, a pour principale riviére l'Oder qui la traverse du sud-est au nord-est. Ses principales viles sont toutes sur l'Oder; ce sont Grossen, Glogaw, Breslaw, Oppelen & Ratibor. Breslaw en est la capitale, & evéché, & elle a à son nord-ouest Lignitz.

IV. La Moravie.

La Moravie a le titre de Marquisat; elle est nomée Moravie de la riviére de Morau qui la traverse du nord au sud, & qui après l'avoir traversée, sépare l'Autriche de la Hongrie & tombe dans le Danube. Elle a la figure d'un triangle dont la base seroit au midi. Les provinces qui la bornent sont au nord-ouest la Bohême, au nord-est la Silésie, & au midi l'Autriche avec la partie occidentale de la Hongrie.

La Moravie se divise en six cercles, dont deux sont à l'occident, savoir ceux d'Iglau & de Znaim ; un au milieu c'est celui de Brinn; & trois à l'orient, ce sont du nord au sud ceux d'Olmutz, de Prérau & de Hradisch.

Les principales viles sont, dans la partie occidendale du nord au sud, Iglau & Znaim. De là au nord-est Brinn & sur la Morave Olmutz & Hradisch. Olmutz en est la capitale & ornée d'un evéché.

LA SUISSE.

La Suisse est bornée à l'occident par la Franche-comté, au nord par l'Alsace & la Souabe ; à l'orient par le Tirol & au midi par la Savoie & l'Italie.

Elle comprend treize cantons qui sont autant de républiques. Les principales viles de la Suiſſe sont sur le Rhein Bâle, &Schaffouse ; au midi de Bâle Soleure, Berne & Fribourg, & au midi de Schaffouse Zurich & Lucerne. Ces sept vilesso nt les capitales d'autant de cantons auxquels elles donent leur nom.

Des six autres quatre cantons sont au sud de Zurich,Zug, Schwits, Uri & Underval, & deux à l'orient, Appenzel & Glaris. De cantons celui de Berne est le plus grand ; il renferme encore le päiis de Vaud au nord du lac de Genève ; sa principale vile est Lausanne université.

Les principaux des aliez des Suisses sont les Valaisins au midi de la Suisse & les Grisons à son orient. Syon evéche sur le Rhône est la capitale du Valais, & Coire sur le Rhein l'est des Grisons. Leurs autres aliez sont les evêques de Bâle & de Constance, l'abé de Saint Gal, & les viles de Neuchatel & de Geneve.

LES PAYS BAS.

Les paiis bas ont pour bornes à l'occident & au nord la mer d'Alemagne, à l'orient le cercle de Westphalie & celui du bas Rhein, & au midi la Picardie, la Champagne & la Lorraine trois provinces de France.

Leurs principales riviéres sont l'Escaut, la Meuse & le Rhein. L'Escaut reçoit trois principales riviéres, la Scarpe & la Lys à sa gauche, & la Dyle à sa droite : la Meuse ne reçoit qu'une riviére considérable c'est la Sambre à sa gauche. Pour ce qui est du Rhein, quand il est entré dans les paiis bas il s'en détache quatre bras, deux à sa gauche, le premier & le troisième que l'on apelle le Vahal & le Leck, ils se mêlent tous deux avec la Meuse ; & deux à la droite le second & le quatrième que l'on apelle l'Issel & le Vecht, ils se perdent dans le Zuyderzée, l'Issel au levant, & le Vecht au midi.

On compte dix sept provinces des paiis bas que l'on divise en provinces unies & en paiis bas catholiques.

Les provinces unies, ainsi apelées à cause de l'union qu'elles firent entr'elles à Utrecht en 1579 pour défendre leur liberté, sont au nombre de huit : deux à l'occident, ce sont en començant par le midi pour faire le circuit, la Zélande & la Holande, deux au nord, celles de Frise & de Groningue, deux à l'orient, celles d'Over-Issel & de Zutphen, puis en tirant droit au couchant sont les deux autres, savoir celles de Gueldre & d'Utrecht, toutes deux au midi du Zuiderzée.

I. La Zélande.

La province de Zélande est composée de sept îles, dont la principale qui est aussi la plus occidentale, est celle de Walckeren, où sont les viles de Midelbourg capitale, & de Flessingue fameux port de mer.

II. La Holande.

La province de Holande est bornée à l'occident par la mer d'Alemagne, au midi par la Zélande & le Brabant, & à l'orient par le Zuyderzée, & les provinces d'Utrecht & de Gueldre.

Ses principales riviéres sont le Rehin & trois de ses bras savoir le Vecht, le Leck & le Vahal, & la Meuse qui est la plus méridionale.

Entrons maintenant dans une description détaillée de cette province la plus belle & la plus riche qui soit dans toute l'Europe.

Dans la partie septentrionale de la Holande est l'île de Texel avec une bone citadelle sur la côte méridionale. Cette île done son nom au fameux détroit qui est à son sud, & par où passent tous les vaisseaux qui vont à Amsterdam ou qui en viennent.

Dans les terres vers le nord est Alcmaër une des plus belles viles de tous les paiis bas. De là en tirant au sud un peu à l'ouest on trouve le bourg d'Egmont, qui a doné le nom à l'illustre familles des comtes d'Egmont, puis Harlem. Au levant de Harlem est Amsterdam la vile la plus marchande de l'univers. A une lieue d'Amsterdam est le beau vilage de Sardam, où il y a plus de huit cents familles de charpentiers de navires, qui mettent chaque anee plus de trois cents vaisseaux en mer. Sur la côte occidentale du Zuiderzée sont les villes de Médemblick, Enckhuyse, Horn, Edam, (qui a à son couchant Purmerend) puis Monnickendam, & sur la côte méridionale Muyden & Naerden.

Sur le Rhein sont Leyde & Woerden: Leyde est la plus célébre université des Provinces-unies. Au sud-ouest de Leyde est la Haie le premier bourg du monde pour sa beauté & pour sa grandeur. C'est où se tiennent les Etats-généraux, où résident les ambassadeurs & les ministres des princes étrangers.

Au midi de la Haie sont les beaux bourgs de Honslardyck & de Gravesande : Honslardick est célébre par la magnifique maison de campagne que les princes d'Orange y ont fait bâtir, & Gravesande etoit autrefois le séjour des comtes de Holande.

Au sud-est de la Haie est Delft. Entre la Haie & Delft est le beau vilage de Ryswick fameux par la paix qui y fut conclue en 1697 entre la France & la Holande, dans une maison du prince d'Orange. A l'orient de Delft sont Goude autrement Tergow & Oudewater.

Sur la rive septentrionale de la Meuse sont Schiedam & Rotterdam avec un port de mer très fréquenté, & sur le Leck sont au nord Schoonoven & au sud Vianen. Dans la partie occidentale de l'ile de Bétuve entre le Leck & la Meuse sur la riviére de Lingh sont Gorckum, Hockelen, Leerdam & Asperen.

A l'embouchure du Vahal dans la Meuse on trouve Worcum, & à l'extrémité occidentale de l'ile de Bommel, formée par le Vahal & la Meuse, est le chateau de Louvestin où les holandois enferment les prisoniers d'état. Sur la Meuse est Heusden, delà en tirant au couchant on trouve Geertruydenberg, puis la forteresse de Willemstadt, une des clefs de la Holande, bâtie par Guillaume I prince d'Orange.

Dans l'île de Voorn la derniere de celles que forme la Meuse, on voit sur cette même riviére la Brille, c'est où l'on s'embarque pour l'Angleterre, & à l'est Dort capitale.

III. La Frise. IV. La Groningue. V. L'Over-Issel. VI. Le Zutphen.

Les principales viles de la province de Frise sont, sur le Zuyderzée, Harlingue, Maccum, Worcum, Hindelopen & Staveren, autrefois capitale de l'empire des Frisons. Au levant de Harlingue sont Franeker université, puis Leuwarde capitale, qui a à son nord-est Doccum.

Groningue université est la capitale de la province de son nom, & par le milieu elle a son nord-est Dam.

Dans la province d'Over-Issel sont sur le Zuyderzée, Vollenhove, sur l'Issel Campen & Deventer, & au sud-est de Campen est Zwol.

Zutphen sur l'Issel est capitale de sa province.

VII. La Gueldre.

Arnhem sur le Rhein & Nimégue sur le Vahal sont les meilleures viles de la Gueldre holandoise. Dans la pointe orientale de l'île de Bétuve est le fort de Skenk.

La partie méridionale de cette province qu'on apelle la haute Gueldre, est au partagée entre trois souverains. Les holandois ont Venlo & sur la Meuse, la maison d'Autriche a Ruremonde evéché aussi sur la

Meuse, & le roi de Prusse à Gueldre dans la partie orientale.

VIII. Utrecht.

Utrecht sur le Rhein ornée d'un archévéché & d'une université, est la capitale de sa province, où sont encore au nord-est Amersfort & au midi sur le Rhein Wychte-Duerstède & Rhénen.

LES PAIIS BAS CATHOLIQUES.

Les païis bas catholiques comprennent sept provinces, trois septentrionales, savoir de l'ouest à l'est la Flandre, le Brabant & le Limbourg, qui est au de là de la Meuse entre l'evéché de Liége & le duché de Juliers; & quatre méridionales ce sont en començant aussi par l'occident l'Artois, le Hainaut, le Namurois & le Luxembourg.

I. La Flandre.

Les trois principales riviéres de la Flandre sont au midi la Lis, la Scarpe & àl'est l'Escaut, dans lequel tombent les 2. premiéres.

Come la Flandre est partagée entre les Holandois, la maison d'Autriche & la France, elle se divise en trois parties qui sont la Flandre holandoise au nord, la Flandre autrichienne au milieu, & la Flandre françoise au midi.

On trouve dans la Flandre holandoise de l'ouest à l'est, l'île de Cadsant où est Cadsant, puis l'Ecluse, Ardenbourg, Oossbourg, Ysendick, Philippine, le Sas de Gand, Axel,

Hulst, & à l'orient de l'Escaut Lillo.

Dans la Flandre autrichienne on voit sur la côte Ostende port de mer, Nieuport & Furne. Au midi d'Ostende sont Dixmude & Ypres evéché, & à son orient Bruge aussi evéché : près & au nord de Bruge est Damm.

On trouve sur la Lys en suivant son cours Menin, Courtrai & Deins. Gand capitale de la Flandre & evéché est au confluent de la Lys & de l'Escaut. En remontant l'Escaut on rencontre Oudenarde & Tournai evéché, & en descendant la Dendre on trouve Gramont, Ninove, Alost & à son embouchure Dendermonde.

Les principales viles de la Flandre françoise sontsur la côte Gravelines & Dunkerque, deux ports de mer. Au sud-est de Graveline est Bourbourg ; & au sud-sud-est de Dunkerque est Berg-Saint-Winock, puis Cassel. Armentiére est sur la Lys, à son orient est Lile capitale de la Flandre françoise. Douai, orné d'un parlement & d'une université, est sur la Scarpe aussi bien que Saint Amand.

II. Le Brabant.

Les principales riviéres du Brabant sont, 1°. l'Escaut qui en arrose la partie occidentale, 2° dans la partie méridionale le Rupel qui tombe dans l'Escaut & qui reçoit la Dile, & 3° la Dile qui reçoit à sa droite le Démer, & à sa gauche la Senne.

Le Brabant se divise en Brabant holandois au nord, & en Brabant autrichien au midi.

Les principales viles du Brabant holandois sont de l'ouest à l'est Berg-op-Zoom sur le bras oriental de l'Escaut, puis Breda & Bosleduc la plus forte place qu'aient les provinces unies ; sur la Meuse est Grave.

Les viles du Brabant autrichien sont, sur l'Escaut Anvers & Rupelmonde : Anvers est une vile episcopale très-belle & très-comerçante. Sur la petite Néethe, riviére qui tombe dans le Rupel au nord, sont Lierre & Herentals, & sur la Senne sont Wilvorde & Brusselles, capitale de tous les Païis bas autrichiens.

Sur la Dyle sont Maline archévéché, & Louvain capitale du Brabant, célébre pour son université. Sur la Démer sont Arscot & Diest, & sur la Geette, riviére qui tombe dans la Démer, sont Tilmont & Judoigne.

Dans la partie méridionale on trouve de l'ouest à l'est Nivelle, célébre par son chapitre de 42. chanoinesses, puis Gemblours.

III. Le Limbourg.

Les principales riviéres du duché de Limbourg sont la Meuse qui le borne à l'occident, & la Gueule.

Cette province se divise aussi en Limbourg holandois au nord, & en Limbourg autrichien au sud.

On trouve dans le Limbourg holandois Wich sur la Meuse & à l'oposite de Mastricht, sur la Gueule Fauquemont ou Walkembourg, & à son sud-sud-ouest Dalem. Limbourg dans la partie méridionale est la capitale du Limbourg autrichien.

IV. L'Artois.

Le comté d'Artois apartient à la France. Ses deux principales riviéres sont, dans la partie septentrionale, la Lys & la Scarpe.

Les viles d'Artois sont dans la partie occidentale au nord, Saint-Omer evéché, & au midi Hédin. A l'orient de Hédin est Saint Pol qui done son nom à un comté célèbre. Sur la Lys sont Terouenne autrefois episcopale, Aire & Saint-Venant. Au sud-est de Saint-Venant sont Béthune, puis Lens, & sur la Scarpe Arras capitale & evéché.

V. Le Hainaut.

Les riviéres du Hainaut sont à l'occident l'Escaut, au nord la Tenre qui coule vers le septentrion pour se rendre dans l'Escaut; au milieu la Haine, qui a doné le nom à cette province & qui coule de l'est à l'ouest dans l'Escaut; & au sud-est la Sambre.

Le Hainaut se divise en autrichien au nord, & en françois au midi.

Les principales viles du Hainaut autrichien sont, sur la Tenre en la remontant

Lessine, Ath, Ligne & Leuze : à l'orient de Lessine est Enghien. Sur la Senne est Hall qui a à son midi Braine le comte & Soignies. Sur la Trouille est Mons capitale, & à son levant Binche.

Les viles du Hainaut françois sont, sur la Haine & à son embouchure Condé, puis Saint Guislain, sur l'Escaut Valencienne capitale & Bouchain. Bavai est à l'orient de Valencienne, & le Quénoi à l'orient de Bouchain. Sur la Sambre sont Maubeuge & Landrecies. Au levant de Landrecies on voit Avêne puis Chimai ; & sur la lisiére orientale Philipevile & Marienbourg.

Au sud-ouest du Hainaut est le Cambresis, qui a pour capitale Cambrai archévéché sur l'Escaut : dans la partie orientale est le Cateau-Cambresis.

VI. Le Namurois.

Les riviéres du comté de Namur sont la Sambre & la Meuse.

Sur la Sambre est Charleroi, qui a à son midi Walcourt. Au confluent de la Sambre & de la Meuse est Namur capitale & evéché. Dans la partie méridionale sur la Meuse sont Bouvigne & Charlemont. Charlemont est à la France, aussi bien que Givet qui en esr proche & à l'embouchure de la petite riviére deHouille.

VII. Le Luxembourg.

Le duché de Luxembourg est borné au nord par le Limbourg, au midi par la Lorraine, au couchant par l'evéché de Liége & par la partie septentrionale de la Champagne, & au levant par l'electorat de Trève.

Ses principales riviéres sont dans la partie méridionale le Semoi & le Chiers qui tombent toutes deux dans la Meuse, le Sour qui reçoit l'Alsitz & tombe dans la Moselle, & la Moselle qui arrose la lisiére orientale du Luxembourg méridional.

Sur le Semoi sont les viles d'Orchimont, de Bouillon, de Chini & d'Arlon : au nord d'Arlon est Bastogne. Sur le Chiers sont Ivoi aujourd'hui Carignan, & Montmédi : au nord de Montmédi est Orval, abaiie où la discipline est très réguliére, & au sud-est Damvillers. Sur l'Alsitz est Luxembourg capitale, & qui passe pour la plus forte place des paiis bas, & sur la Moselle Thionville.

De ces viles Bouillon, Carignan, Montmédi, Damvillers & Thionville sont à la France.

LA FRANCE.

La France est située entre le 13. & le 25e dégré 25 minutes de longitude, & entre le 42e dégré 30 minutes, & le 51. de latitude.

La France est bornée au nord par la Manche & les Paiis bas ; à l'orient par le Rhein, la Suisse, la Savoie & le Piémont ; au midi par la méditerranée & les monts Pyrenées, & à l'occident par l'océan.

Les quatre grandes riviéres de France sont la Seine, la Loire, la Garonne & le Rhône : la Seine se jette dans la Manche, la Loire & la Garonne dans l'océan, & le Rhône dans la méditerranée.

La France se divise en trente deux gouvernemens militaires, que nous rangeons en cet ordre 1°. deux sont au nord, savoir la Flandre françoise & la Picardie avec l'Artois ; puis cinq de l'ouest à l'est, la Normandie, l'île de France, la Champagne, la Lorraine & l'Alsace. Ensuite on en trouve trois au midi des précédens, savoir au midi de la Normandie le Maine avec le Perche, au midi de la Champagne la Bourgogne, & au midi de la Lorraine la Franche-comté.

2°. En remontant la Loire il s'en trouve sept, qui sont la Bretagne, l'Anjou, le Saumurois, la Touraine, l'Orléanois, le Nivernois & le Lionois.

3°. Il s'en trouve ensuite quatre le long de l'Océan entre la Bretagne & les Pirénées, savoir le Poitou, le paiis d'Aunis, la Saintonge avec l'Angoumois, & la Guienne. Puis trois au midi de l'Orléanois savoir le Berri, la Marche & le Limosin; & enfin deux au midi du Nivernois, ce sont le Bourbonois & l'Auvergne.

4°. Les six autres sont au midi de la France : trois au pied des Pirénées, savoir la basse Navarre avec le Béarn, le comté de Foix & le Roussillon; deux sur la méditerranée, savoir le Languedoc au couchant du Rhône, & la Provence au levant, & un au nord de la Provence, c'est le Dauphiné.

I. La Flandre françoise.

La Flandre françoise comprend les conquêtes de Louis XIV. dans la Flandre & dans le Hainaut. Nous les avons vues dans l'article des Païs bas, pag. 63 & 66.

II. La Picardie.

La province de Picardie est beaucoup plus etendue que le gouvernement de Picardie. Elle se divise en deux parties, l'une septentrionale, qui comprend ce qu'on apelle maintenant le gouvernement de Picardie, & l'autre méridionale, qui fait partie du gouvernement de l'ile de France.

Le gouvernement de Picardie renferme encore la Province d'Artois qui est une des dix sept des Païs bas, & que nous avons déja décrite, page 65. Venons à la Picardie.

Les trois principale riviéres de la Picardie sont à l'occident la Some, & à l'orient l'Oise & l'Aine. La Some a sa source, son cours & son embouchure, en Picardie, & elle la traverse de l'est à l'ouest. L'Oise a sa source dans le Hainaut arrose la Picardie orientale, coule du nord-est au sud-est, & se confond avec la Seine. Pour l'Ai-elle vient de la Champagne, coule vers le couchant & se mêle avec l'Olise.

Dans la partie septentrionale de la Picardie qui est bornée par la Manche à l'ouest & par l'Artois à l'est, on trouve sur la côte Calais, Ambleteuse, Boulogne & Etaples, quatre ports de mer, puis dans les terres Ardres & Montreuil. Calais est le grand passage d'Angleterre en France, & Boulogne est episcopale, & a eu autrefois des comtes célébres dans notre histoire.

En remontant la Some on voit Saint-Valeri port de mer, Abeville, Amiens capitale & evéché, Corbie, Perone, Ham & Saint-Quentin. Au nord d'Amiens est Dourlens, à sont sud-est sont Mondidier & Roie.

Dans la Tiérache, c'est le nom de la partie orientale de la Picardie, on trouve vers le nord la Capelle, sur l'Oise Guuise & la Fère, vers le milieu Vervins, & sur la lisiére orientale Aubenton & Moncornet.

Passons à la partie méridionale, qui fait

partie du gouvernement de l'ile de France.

De là en avançant vers l'orient on trouve sur l'Oise Chauni & à une petite lieue à l'ouest Noiion evéché. Au levant de Chauni est Laon evéché qui a à son occident Prémontré, abaiie célébre & chef d'ordre, & à son orient Liesse fameux pélerinage. On trouve sur l'Aine à son embouchure Compiégne, puis en la remontant Soissons evéché & Neuchatel. Au midi de Compiégne est Crépi, qui a il à son sud-ouest Senlis evéché.

On y trouee dans la partie occidentale Gerberoi & Beauvais evéché, à l'orient de Beauvais est Clermont.

III. La Normandie.

Les six principales riviéres de la Normandie sont, en començant par l'ouest, la Vire, l'Orne, la Touque & la Rille, qui coulent toutes quatre du sud au nord, & tombent dans la Manche, puis l'Eure qui se mêle avec la Seine, & enfin la Seine.

On trouve dans la partie qui est à l'occident de la Vire, au nord Cherbourg port de mer, puis à son sud-est Valogne & Carentan. Sur la côte occidentale on voit Coutances evéché, Granvile port de mer & Avranches autre evéché. A l'orient d'Avranches sont Mortagne & Domfront. Sur la Vire sont Isigni, Saint Lo & Vire.

Entre la Vire & l'Orne est Baïeux evéché.

Sur l'Orne sont Caën université, Argentan & Sées evéché. Entre Caën & Argentan, sont Falaise & Guibrai. Au sud de Sées est Alençon. Sur la Touque sont Pont-l'evêque & Lizieux evéché. Sur la Rille on rencontre Pont-Audemer, & le Bec fameuse abaïie : sur l'Ilon riviére qui tombe dans l'Eure à la gauche, on voit Evreux evéché, & sur l'Eure Louviers, Paci & Ivri.

Les viles qui sont sur la Seine sont au midi Honfleur, Quillebœuf, Elbœuf, Pont de l'arche & Vernon : & sur la rive septentrionale on trouve le Havre, Harfleur, Lilebone, Caudebec, Jumiége & Rouen capitale & Archévéché.

Au nord de Rouen sont Dieppe port de mer & Eu. Sur l'Epte sont Forge, Gournai & Gisors : cette derniére est dans le Vexin, païis qui comprend encore Meulan sur la Seine & Pontoise sur l'Oise.

IV. L'Ile de France.

L'île de France est le païis qui est renfermé entre les riviéres d'Oise, de Seine & de Marne, & qui au nord est bornée par le diocèse de Senlis.

Sur la Seine est Paris, capitale du roïiaume & archévéché : elle est ornée d'un Parlement le premier de tout le roïiaume, & d'une université la plus célébre du monde, come la

plus

plus ancienne. Au nord de Paris sont Saint Denis, où est la sépulture de nos rois, Ecouan & Lusarche. A l'orient est Chelles, fameuse abaiie.

Le gouvernement de l'île de France comprend encore au nord de la Seine la partie du Vexin qui est entre les riviéres d'Epte & d'Oise, toute la Picardie méridionale & la partie occidentale de la Brie qui est entre la la Marne, & la Seine; & au midi de la Seine il comprend le Parisis, le Hurepoix, la partie de la Beauce qui est contiguue au paiis Chartrain, avec toute la partie septentrionale du Gatinois.

On trouve dans le Parisis sur la Seine de l'ouest à l'est Mante, Poissi, Saint Germain & Saint Cloud, puis au sud-ouest Versailles, vile bâtie par Louis XIV. Au midi de Versailles sont Chevreuse & Saint Arnoul.

Dans le Hurepoix au sud-ouest sont Dreux, Houdan & Monfort, & au sud-est Montléri, puis Corbeil sur la Seine.

Le Loin est la principale riviére du Gatinois. On trouve sur cette riviére Nemours & Montargis capitale. A l'embouchure de l'Ione dans la Seine est Montereau qui a à son midi Courtenai. Fontainebleau est au nord de Nemours.

Sur la Loire sont Gien & Briare qui done son nom au canal qui joint la Loire avec le Loin.

V. La Champagne.

Il y a sept principales riviéres en Champagne, la Meuse au nord-est, puis en avançant vers le sud-ouest l'Aine, la Vêle qui tombe dans l'Aine, la Marne, l'Aube la Seine & l'Yone. Venons aux viles.

Les principales viles sont, vers le nord Rocroi, sur la Meuse Charleville, Méziéres, Sedan & Mouson. Sur l'Aine Rhetel & Sainte Ménehould. Sur la Vêle petite riviére qui tombe dans l'Aine est Reims archévéché. En remontant la Marne on trouve Epernai, Châlons evéché, Vitri, Saint Dizier, Joinville, Chaumont en Bassigni, & enfin Langre evéché.

Sur l'Aube est Bar-sur-Aube, & sur la Seine sont Nogent & Troies evéché & capitale de la Champagne. Sur l'Yone sont Sens archévéché & Joigni, & sur l'Armançon, riviére qui tombe dans l'Yone à droite sont Saint Florentin & Tonnerre.

Au couchant de la Champagne est la Brie qui est bornée au midi par la Seine. Dans la partie qui est du gouvernement de l'île de France on trouve sur la Marne Lagni, qui a à son midi Brie-comte-Robert, puis sur la Seine Melun, & dans celle qui est du gouvernement de Champagne on trouve sur la Marne Meaux evéché & capitale, puis Château-Thieri. Au sud de Meaux sont Colomiers & Provins, puis au nord-est Sezane.

VI. *La Lorraine.*

Les trois principales riviéres de la Lorraine sont du couchant au levant la Meuse, la Moselle & la Sare, qui ont toutes trois leur source dans cette province, & qui coulent du sud au nord.

Sur la Meuse sont Verdun evéché, Saint Michel & Comerci. Au couchant de Comerci est Bar-le-duc capitale du Barois.

On trouve sur la Moselle Mêts evéché & parlement, Pont à Mousson université, Toul evéché & Remiremont. A l'orient de Toul est Nanci capitale de la Lorraine, puis au sud-est Luneville où résidoit la Cour de Lorraine.

Sur la Sare sont Sarelouis, Vaudrevange, Sarebrick, Sare-albe, Sarewerden & Sarebourg. A l'orient de Sarewerden est Biche, & à l'orient de Sarebourg est Phaltzbourg.

Verdun, Metz & Toul sont les capitales de trois gouvernemens qui sont compris dans la Lorraine, savoir le Verdunois, le paiis Messin & le Toulois.

VII. *L'Alsace.*

Le gouvernement d'Alsace comprend au nord la partie méridionale du palatinat, que nous avons décrite, l'Alsace, & le Sundgau au midi.

L'Ill est la principale riviére de l'Alsace

qu'elle traverse du sud au nord.

Les principales viles d'Alsace sont, dans la partie orientale du nord au sud, Haguenau, qui a à son couchant Saverne; puis sur l'Ill Strasbourg capitale & evéché, Schlestat & Colmar, où est un conseil souverain pour la province, & Mulhuasen, vile aliée des Suisses. Sur le Rhein sont Fort-Louis dans une île, Newbrisac à l'oposite du vieux Brisac. Dans le Sundgau on y trouve du couchant au levant Béfort, Ferette, & sur le Rhein Huningue à une lieue au dessous de Bâle.

VIII. Le Maine & le Perche.

Le Maine avec le Perche ne font qu'un gouvernement.

Les trois principales riviéres du Maine sont la Maine, la Sarte & au sud-est, le Loir.

Sur la Maine sont Maïence & Laval, sur la Sarte le Mans evéché & capitale, & sur le Loir Chateau du Loir.

On trouve dans la partie occidentale du Perche, du nord au sud, la Trappe, abaïie célèbre, Mortagne, Bellême, & Nogent le Rotrou. Dans la partie du nord est Verneuil.

IX. La Bourgogne.

Les principales riviéres de la Bourgogne sont au nord l'Ione, l'Armançon & la

Seine, & à l'occident la Saone.

Les viles principales de la partie occidentale sont au nord Auxerre evéché sur l'Ione, puis Avalon, Saulieu, Autun evéché, sur la Loire Bourbon-Lanci, & au sud-est Charolles. Au nord on voit sur l'Armançon Sémur & sur la Seine Chatillon. Dans la partie orientale est Dijon evéché, capitale & siége d'un parlement. Au midi de Dijon sont Nuis & Beaune, toutes deux célébres pour leurs bons vins. Sur la Saone sont Auxone, Bellegarde, Verdun, Challon & Macon, ces deux derniéres sont evéchez.

La Bresse qui est à l'orient de la Saone, & entre la Franche-comté & le Rhône, est aussi de ce gouvernement : la capitale est Bourg, & à son sud-est Bellei evéché & capitale du Bugei.

La principauté de Dombes est enclavée dans la partie occidentale de la Bresse, & apartient au duc du Maine. Trévoux sur la Saone en est la capitale & le siége d'un parlement pour ce petit etat.

X. *La Franche-comté.*

Les grandes riviéres de la Franche-comté sont au nord-ouest la Saone, & vers le milieu le Doux.

Grai est sur la Saone, Dole & Besançon sont sur le Doux : Besançon est archévéché, capitale & siége d'un parlement. De là en tirant vers le sud on trouve Salins, Poligni, & sur la lisiére méridionale Saint-Claude, où on a mis depuis peu un evéché. A l'orient sur le Doux est Pontarlier.

XI. La Bretagne.

Les trois principales riviéres de la Bretagne sont du nord-ouest ou sud-est le Blavet, la Vilaine & la Loire qui en arrose la partie méridionale.

On trouve sur la côte septentrionale de l'ouest à l'est Saint-Paul de Leon, Tréguier, Saint-Brieu, Saint-Malo & Dole : ces cinq viles sont episcopales, & Saint-Malo est un fameux port de mer. Au sud-est de Saint-Paul est Morlaix, & au midi de Saint-Malo est Dinant.

Brest port de mer est sur la côte occidentale, & à son sud-est on voit Quimper evéché. A l'embouchure du Blavet sont, à l'ouest, l'Orient & à l'est Port-Louis. Sur la même riviére est Henebonne qui a à son occident Quimperlai. Vanes evéché est à l'orient de Port-Louis. Au nord de l'embouchure de la Seine est le Croisic port de mer.

On trouve sur la Vilaine en la remontant Roche-Bernard, Rhédon, Rennes & Vitrai, & sur la Loire Nantes evéché. Rennes est la capitale de la Bretagne, siége d'un parlement & evéché ; c'eſt à Vitrai que ſe tiennent ordinairement les etats de Bretagne.

XII. L'Anjou. XIII. Le Saumurois.

Les principales riviéres de l'Anjou sont quatre ; trois viennent du nord, savoir la Maine, la Sarte & le Loir. La Sarte & le Loir tombent dans la Maine, & la Maine tombe dans la Loire, qui est la quatriéme.

La province d'Anjou contient deux gouvernemens, celui d'Anjou, & celui de Saumur qui est au midi & le long de la Loire.

Sur la Maine sont Chateau-Gontier, & Angers evéché & capitale. La Fléche est sur le Loir, & à son midi est Baugé. Pont de Cé est sur la Loire au midi d'Angers.

Saumur sur la Loire est la capitale du Saumurois. A son midi est Montreuil-Bellai, & à son sud-est Fontévraud, riche abaiie de filles & chef d'ordre.

XIV. La Tourraine.

Les principales riviéres de la Tourraine sont quatre en cet ordre du nord au sud, la Loire, le Cher, l'Indre & la Creuse. Le Cher, l'Indre & la Creuse se jettent dans la Loire.

Sur la Loire sont Langest, Tours & Amboise : Tours est archévéché & capitale.

Sur le Cher est Chenonceau la plus belle maison de toute la Tourraine, bâtie pour

Catherine de Medicis femme de Henri II. Sur la Vienne est Chinon, & sur l'Indre est Loches.

XIV. *Le gouvernement d'Orléans.*

Les quatre principales riviéres du gouvernement d'Orléans sont, au nord l'Eure, à l'occident le Loir, au midi la Loire & à l'orient le Loin.

Le gouvernement d'Orléans comprend trois provinces, deux au nord, la Beauce & le Gâtinois, & une au midi, c'est la Sologne.

La Beauce comprend cinq paiis; dont trois sont traversez par le Loir, savoir le Chartrain, le Dunois & le Vendomois, & les deux autres qui le sont par la Loire, sont le Blaisois & l'Orléanois.

La capitale du paiis Chartrain est Chartres evéché sur l'Eure : sur la Loire sont Chateau-Dun capitale du Dunois, & Vendôme du Vendomois. Sur la Loire on trouve Blois evéché & capitale du Blaisois & à son orient Chambort maison roiiale. Dans l'Orléanois sont Baugenci & Orléans capitale & evéché.

Dans le Gâtinois on trouve sur le Loin Nemours qui est du gouvernement de l'Ile de France, Montargis capitale; & sur la Loire Gien, puis Briare, qui dône son nom au canal qui joint la Loire avec le Loin.

XVI. Le Nivernois.

La Loire & l'Alier sont les deux principales riviéres qui arrosent la partie occidentale du Nivernois : dans sa partie orientale est l'Ione.

Les principales viles sont sur la Loire la Charité, Nevers & Décize : Nevers est evéché & capitale de la province. Au midi de Nevers est Saint-Pierre-le-moûtier, où est le présidial de la province. Sur l'Ione sont Clameci résidence de l'evéque de Bethléem, & Chateau-Chinon, à l'orient de Clameci est Vézelai.

XVII. Le Lionois.

La Loire est la principale riviére du gouvernement de Lion, & elle le traverse du sud au nord.

Ce gouvernement contient trois provinces, une à l'ouest & au sud c'est le Forez ; les deux autres sont à l'orient, savoir au nord le Beaujolois, au midi le Lionois.

On trouve dans le Forez sur la Loire Roane & Feurs : au sud-ouest de Feurs est Monbrisson capitale, & de là au sud est on voit Saint-Etienne.

Beaujeu au nord est la capitale du Beaujolois, où est encore sur la Saone Vilefranche ornée d'une académie des siences.

Lion archévéché au confluent de la Saone & du Rhône, est la capitale du Lionois & de tout ce gouvernement. C'est une vile très-marchande & après Paris la plus peuplée du roiiaume : elle eſt defendue par le Chateau de Pierre Encise, où l'on met les prisoniers d'etat.

XVIII. Le Poitou.

Les principales riviéres du Poitou sont au midi la Sévre, qui se jette dans l'océan; & au levant la Dive, la Vienne & la Gartempe, qui coulent toutes trois du sud au nord la Dive se mêle avec la Vienne : & la Gartempe avec la Creuse.

Les principales viles de la partie septentrionale sont de l'ouest à l'est Montaigu, Mauléon, Touars, Loudun & Richelieu : au sud-ouest de Loudun est Moncontour. Dans la partie orientale sont sur la Dive, Poitiers evéché & capitale, Chatelleraud sur la Vienne, puis sur la Gartempe Monmorillon.

Dans la partie méridionale on trouve sur la côte les sables d'Olone, bourg & port de mer, & en tirant vers l'est Luçon evéché, Fontenai-le-comte, Maillezais dont le siége episcopal a eté transféré à la Rochelle, & sur la Sévre Niort & Saint-Maixent.

XIX. *Le gouvernement d'Aunis.*

Le gouvernement d'Aunis comprend le paiis d'Aunis & la partie de la Saintonge, qui est vers l'embouchure de la Charente, avec les îles de Ré & d'Oleron, qui sont au couchant de l'Aunis.

L'île de Ré a pour capitale Saint-Martin. La Rochelle evéché & port de mer est la capitale du paiis d'Aunis.

XX. *Le gouvernement d'Angoumois.*

Le gouvernement d'Angoumois comprend deux provinces, la Saintonge au couchant & l'Angoumois au levant. Ces deux provinces sont arrosées par la Charente, qui les traverse de l'est à l'ouest.

Les viles de Saintonge sont sur la côte Brouage & Marennes; sur la Charente Rochefort & Saintes, evéché & capitale; & à son nord Saint-Jean d'Angeli.

On trouve dans l'Angoumois sur la Charente, Cognac renomé pour ses eaux de vie, Jarnac & Angoulême, evéché & capitale.

XXI. *Le gouvernement de Guienne.*

La principale riviére de la Guienne est la Garonne, qui reçoit trois autres grandes riviéres à sa gauche en cet ordre, le Tarn, le Lot & la Dordogne. La pointe de terre qui est entre la Garonne & la Dordogne, s'apelle le Bec d'Ambès ; & de là jusqu'à la mer ces deux riviéres sont apelées la mer de Gironde, ou simplement la Gironde.

Ce gouvernement comprend dix-sept paiis.

Les deux plus septentrionaux sont, à l'occident la Guienne propre, & à son orient le Périgord.

En remontant le Lot on en trouve trois, l'Agénois, qui est borné au midi par la Garonne, & à son orient le Querci, puis le Rouergue.

Deux sont au midi de la Guienne propre & le long de l'océan, ce sont les Landes & le Labourd. Trois sont autour du Béarn, le paiis de Soule au couchant, le Chalosse au nord, & le Bigorre au levant.

Quatre sont situez au milieu, & sont du nord au sud, le Bazadois, le Condomois, l'Armagnac & l'Estarac.

Enfin trois sont à l'orient le long de la Garonne, savoir, la riviére de Verdun, le Cominge & le Conserans.

I. Les riviéres de la Guienne propre sont la Gironde, la Garonne, la Dordogne & l'Ile qui se perd dans la Dordogne.

Les viles sont, sur la Gironde Blaie à l'orient, & sur la Garonne à l'occident Bourdeaux capitale de tout le gouvernement, siége d'un parlement & archévéché.

Il y a en cette vile le chateau trompette, où l'on met les prisoniers d'etat. Sur la Dordogne à l'embouchure de l'Ile est Libourne, & sur l'Ile Coutras.

II. Les riviéres du Périgord sont l'Ile & la Dordogne, & les viles sont : sur l'Ile Périgueux capitale & evéché, sur la Dordogne Coutras, & à son orient Sarlat autre evéché.

III. Dans l'Agénois est sur la Garonne Agen, capitale & evéché.

IV. Les riviéres de Querci sont, au nord la Dordogne, au milieu le Lot, & au midi l'Aveirou qui tombe dans le Tarn, & le Tarn. On trouve sur la Dordogne Martel, sur le Lot Cahors evéché & capitale, puis Figeac ; & sur le Tarn Montauban aussi evéché.

V. Les riviéres du Rouergue sont, le Lot au nord, l'Aveirou au milieu & le Tarn au midi. Sur le Lot est Entragues, sur l'Aveirou Vilefranche, & Rhodez capitale & evéché ; sur le Tarn Milhaud, & au midi Vabres autre evéché.

Passons à la partie méridionale.

VI. On trouve dans le Labourd Saint-Jean de Luz port de mer, & au nord à l'embouchure de l'Adour Baïone capitale & evéché.

VII. Dans les Landes sur l'Adour on voit Dax evéché, & vers le nord Albret.

VIII. Dans le paiis de Soule est Mauléon.

IX. Dans le Chalosse on trouve sur l'Adour Saint-Sévèr & Aire qui est evéché.

X. Les viles de Bigorre sont, sur l'Adour Tarbes evéché & capitale, puis Bagniéres & au midi Barège. Bagniéres & Barège sont renomées par leurs eaux minérales.

XI. La Garonne est la principale riviére du Bazadois, au milieu duquel elle roule. Sur cette riviére sont Lingon & la Réole, qui ont au midi Bazas evéché.

XII. Dans la partie méridionale du Condomois est Gabaret, & au levant Condom evéché.

XIII. Les principales viles de l'Armagnac sont, sur le Giers Leitoure evéché, & Auche archévéché.

XIV. Mirande ou sud-ouest d'Auche est la capitale de l'Estarac.

XV. Verdun sur la Garonne est la capitale du paiis apelé la Riviére de Verdun.

XVI. Les viles du Cominge sont, sur la Save Lombès evéché, & sur la Garonne Muret au nord, & au midi Saint-Bertrand de Cominge autre evéché.

XVII. Dans le Conserans à l'orient de Saint-Bertrand est Saint-Licer autre evéché.

XXII. Le Berri.

Les grandes riviéres du Berri sont du couchant au levant la Creuse, l'Indre & le Cher, à l'orient la Loire qui la borne de ce côté-là.

Sur la Creuse on trouve Argenton, sur l'Indre sont Chateau-roux & la Châtre. De là au nord on voit Issoudun, puis au nord-est Bourges capitale & archévéché. Sur la Loire sont Chatillon & Sancerre.

XXIII. La Marche.

Les riviéres de la Marche sont la Gartempe a l'occident & la Creuse à l'orient.

Pour les viles les principales sont dans la partie méridionale, Granmont avec une abaiie célébre qui est chef d'ordre ; Guéret capitale est à la source de la Gartempe, & Aubusson est sur la Creuse.

XXIV. Le Limosin.

Les trois grandes riviéres du Limosin sont au nord la Vienne ; vers le milieu la Couréze, & au levant la Dordogne.

Sur la Vienne est Limoges capitale & evéché, sur la Couréze sont Tulle aussi evéché & Brive la Gaillarde, qui a à son midi Turenne.

XXV. Le Bourbonois.

Les riviéres du Bourbonois sont au couchant le Cher, & au milieu l'Alier. Sur le

Cher, vers le nord est Montrond, près & à la gauche de l'Alier est Bourbon l'Archambaut, duché Pairie qui a doné le nom à la roiiale maison de Bourbon. Sur l'Alier sont Moulins capitale & Vichi. Bourbon & Vichi sont renomez pour les eaux minérales.

XXVI. L'Auvergne.

L'Alier qui traverse l'Auvergne du sud au nord en est la principale riviére. La Dordogne y a aussi sa source au mont d'Or.

Au sud-est du mont d'Or est Clermont capitale & evéché. Riom est au nord de Clermont & Billon est à son orient. Sur l'Alier sont Issoire & Brioude, & dans la partie méridionale Orilhac & Saint-Flour evéché.

XXVII. Gouvernement de Béarn.

Le gouvernement de Béarn comprend la basse Navarre au couchant, & au levant le Béarn.

Saint-Palais est la capitale de la basse Navarre, & au pied des Pirénées est Saint-Jean pied de port.

Les deux principales riviéres du Béarn sont le Gave de Pau & le Gave d'Oleron.

Sur le Gave de Pau est Pau siége d'un parlement, & capitale du Béarn : au nord de Pau est Lescar, & à son midi Oleron, deux viles episcopales.

Remarquez,

Remarquez, que ce qu'on apelle le paiis des Basques comprend le Labourd, la basse Navarre & le paiis de Soule.

XXVIII. Gouvernement de Foix.

L'Auriége est la principale riviére du comté de Foix; sur laquelle on trouve du nord au sud Pamiers evéché; puis Foix qui en est la capitale.

XXIX. Le Roussillon.

Le Roussillon est tout entier dans les Pirénées, & il est borné au levant par la mediterranée. Ses principales viles sont sur la côte du nord au sud Port Vendres, Salces, Perpignan, Elne & Collioure. Perpignan evéché, & siége d'un conseil souverain est la capitale du Roussillon. Dans la partie occidentale est Mont-Louis, vile bâtie par Louis XIV.

XXX. Le gouvernement de Languedoc.

Les quatre principales riviéres du Languedoc sont au nord le Tarn, à l'occident la Garonne, au midi l'Aude, & à l'orient le Rhône qui le borne de ce côté-là. Il y a encore dans la partie occidentale un canal qui fait la comunication de l'océan avec la mediterranée par le moiien de la Garonne.

Sur la Garonne sont du nord au sud Toulouse archévéché & Pamiers evéché. Toulouse est la capitale du Languedoc ; & le siége d'un parlement. Sur le Tarn est Albi second archévéché & sur l'Agout riviére qui tombe dans le Tarn sont Lavaur & Castres deux evéchez. A l'orient de Castres un peu au midi est Saint-Pons evéché. En cotoiiant le canal on trouve Saint-Papoul, Béziers & Agde trois viles episcopales. Au sud-ouest de Saint-Papoul est Castelnaudari.

Au sud-est de Pamiers est Mirepoix, & sur l'Aude en la décendant sont Alet evéché, Limoux, Carcassone autre evéché & Narbone archévéché. Au nord d'Agde sont Pézenas & Lodève, vile episcopale & renomée pour ses manufactures de draps. A l'orient d'Agde est le port de Cette, autrement le Port Saint-Louis, c'est où comence le canal.

En parcourant la côte de l'ouest à l'est on trouve Balaruc, Frontignan, Montpellier & Aigues-mortes. Balaruc est un bourg célébre pour ses bains d'eaux chaudes, & Frontignan l'est pour ses bons vins muscats. Montpellier est une vile episcopale, & ornée d'une université qui est fameuse sur-tout pour la médecine ; c'est aussi en cette vile que se tiennent les etats de Languedoc. C'est à Aigues-mortes que S. Louis s'embarqua pour l'Asie : aujourd'hui que la mer s'est retirée, elle est assez avant dans les terres.

Dans la partie orientale on voit vers le nord Alais, à son sud-est Usez & au midi d'Usez, Nîmes : ces trois viles sont episcopales. Sur le Rhône au nord Pont-Saint-Esprit, & vers le midi Beaucaire lieu célébre pour sa belle foires.

Le gouvernement de Languedoc outre le Languedoc que nous venons de décrire, comprend encore trois autres provinces, ce sont à l'occident le Gévaudan, au nord le Vélai, qui est traversé du sud au nord par la Loire, & à l'orient le Vivarais qui s'etend le long du Rhône.

Les riviéres du Gévaudan sont dans la partie meridionale, le Lot & le Tarn, & sur la lisiére orientale l'Alier ; ces trois riviéres y ont leur source. Mende sur le Lot en est la capitale & evéché ; le Pui autre evéché sur la Loire l'est du Velai.

Dans le Vivarais on trouve sur le Rhône Tournon vers le nord, & vers le midi Viviers evéché & capitale. Au couchant de Viviers est Aubenas.

XXXI. La Provence.

La Provence est bornée au couchant par le Rhône, qui avant que de se décharger dans la mer se partage en deux branches, & forme l'île de Camargues, où l'on engraisse quantité de bétail. Des riviéres qui traversent la Provence, la Durance est la principale.

Sur le Rhône sont Tarascon à l'oposite de Beaucaire, puis Arles archévéché. Au midi d'Arles est une plaine de quatre lieues toute couverte de pierres, & qu'on apelle la Crau. A l'orient d'Arles est Aix, le second archévéché de la Provence, siége d'un parlement & capitale. Au nord d'Aix est Apt evéché, & de là au nord-est sont Forcalquier, puis sur la Durance Sisteron evéché. Au sud-est de Sisteron sont Digne & Senez deux evéchez, & au sud de Sisteron est Riez.

Sur la côte de la mediterranée on voit du couchant au levant la mer de Martigue, Marseille, Cioutat, célébre pour ses bons vins, Toulon, Hières, Fréjus & Antibes. A un quart de lieue de Marseille & à l'entrée du port est le chateau d'If. A l'occident de Fréjus est Draguignan. A l'orient sont trois viles episcopales Glandéves sur le Var, à son midi Grace, & au levant Vence.

Au midi d'Hières sont trois îles apelées les îles d'Hières ; & dans le golfe de la Napoule sont deux îles, celle de Sainte Marguerite & celle de Saint Honorat : ce sont celles qu'on apeloit autrefois de Lérins.

Le Comtat Vénaiscin qui s'étend le long du Rhône & apartient au Pape, fait aussi partie de la Provence. On y trouve sur le Rhône Orange evéché, cette vile est maintenant à la France, puis Avignon archévéché, & capitale d'un petit territoire qu'on apelle le comtat d'Avignon.

Les autres viles sont du nord au sud Vaison, Carpentras capitale du comtat, & sur la Durance Cavaillon : ces trois viles sont episcopales.

XXXII. Le Dauphiné.

Le Rhône borne le Dauphiné au nord & au couchant, l'Isère le traverse du nord-est au sud-ouest, & la Durance y coule au sud-est.

On trouve sur le Rhône à l'occident du nord au sud Valence archévéché, Saint-Valier, Thain à l'oposite de Tournon, renomé pour ses vins de l'Hermitage, Valence evéché ; & Montélimart.

Sur l'Isère sont Romans, Saint-Antoine abaiie & chef d'ordre, puis Grénoble, evéché, capitale & siége d'un parlement. Au nord de Grénoble est la grande Chartreuse, autre chef d'ordre, & à son sud-est on voit Die evéché.

On trouve dans la partie méridionale de l'ouest à l'est Saint Paul-trois-chateaux evéché, Nions, Gap autre evéché, & sur la Durance Embrun archévéché. Au nord-est d'Embrun sur la Durance est Briançon, place forte, & à son orient Chateau-Dauphin autre forteresse.

Rivières de France.

Nous avons dit qu'il y avoit en France quatre grandes riviéres : savoir, la Seine, la Loire, la Garonne & le Rhône ; nous alons maintenant marquer le cours de chacune.

La Seine à sa source dans la Bourgogne septentrionale, traverse la Champagne, l'Ile de France & la Normandie ; après quoi elle se perd dans la Manche.

La Loire prend sa source dans la partie septentrionale du Vivarais, arrose le Vélai, le Forez, entre dans le Beaujolois, la Bourgogne, traverse le Nivernois, l'Orléanois, la Tourraine, l'Anjou & la Bretagne méridionale, puis elle se jette dans l'océan.

La Garonne sort du Val-d'Aran dans les Pirénées, arrose le Cominge & la lisiére occidentale du Languedoc, puis traverse le gouvernement de Guienne, pour se perdre sous le nom de Gironde à la tour de Corduan dans l'océan.

La Garonne reçoit trois principales riviéres toutes à sa droite & en cet ordre, le Tarn, le Lot & la Dordogne.

Le Rhône prend sa source au mont de la Fourche dans le haut Valais, traverse ensuite le Valais, le lac de Genève ; après quoi il sépare la Bresse d'avec la Savoie

& le Dauphiné : arrivé à Lion il coule droit' au midi, borne à l'orient le Dauphiné & la Provence, & tombe dans la méditerranée.

Parlemens.

Il y a en France douze Parlemens, c'est-à-dire, douze cours souveraines de justice, où les procès sont jugez en dernier ressort. En voici les noms, en suivant le même ordre des provinces que nous avons suivi jusqu'ici.

Les douze parlemens du roiaume sont ceux de Douai, il est pour la Flandre françoise, de Rouen, de Paris, de Metz, de Dijon, de Besançon, de Rennes, de Bourdeaux, de Pau, de Toulouse, d'Aix & de Grenoble.

Les dix derniers ne sont chacun que pour sa province, hors celui de Bourdeaux, qui est encore pour la Saintonge & le Limosin, mais en récompense la partie orientale de la Guienne est de celui de Toulouse celui de Paris est pour toutes les provinces qui n'en ont point un particulier.

Archévêchez.

Il y a en France dix-huit archévéchez : ce sont en suivant toujours le même ordre des provinces, Cambrai, Rouen, Paris, Rheims, Sens, Besançon, Tours, Lion,

Bourdeaux, Auch, Bourges, Albi, Toulouse, Narbone, Arles, Aix, Vienne & Embrun. Avignon qui fait le dix-neuvième archévéché est au Pape.

Universitez.

Il y a en France vingt universitez : ce sont encore dans le même ordre des provinces, Douai, Caen, Paris, Rheims, Pont-à-mousson, Strasbourg, Besançon, Nantes, Angers, Orléans, Poitiers, Bourdeaux, Cahors, Bourges, Toulouse, Montpellier, Perpignan, Aix, Orange & Valence.

L'ESPAGNE.

L'Espagne est située entre le 9e. & le 21e. dégré de longitude, & entre le 36. & le 44. de latitude.

Il y a en Espagne six grandes riviéres, dont trois tombent à l'occident dans l'océan ce sont du nord au sud le Minho, le Douro & le Tage : deux se jettent dans le même océan au midi, ce sont la Guadiana & le Guadalquivir ; & enfin l'Ebre qui se jette dans la mer méditerranée vers le nord-est.

L'Espagne se divise en treize grandes parties. Six au nord, trois au sud-est, & quatre au milieu.

Des six au nord, trois sont le long de l'océan : savoir la Galice, les Asturies & la Biscaie ; & trois au pied des Pirénées,

nées, la Navarre, l'Arragon & la Catalogne.

Les trois au sud-est sont, en cotoiiant la méditerranée depuis la Catalogne jusqu'au détroit de Gibraltar, les roiiaumes de Valence, de Murcie & de Grenade.

I. Enfin les quatre au milieu sont, en tirant du détroit de Gibraltar vers les Asturies, l'Andalousie, la Castille nouvelle, la Castille vieille & le Léon.

Les principales viles de la Galice sont en començant par l'embouchure du Minho pour faire le tour, la Guardia, Baïona, Vigo, Noiia, la Corogna, Bétanços, Férol, Viv éro & Ribadès; ces neuf viles sont autant de ports de mer. Sur la même côte occidentale est le fameux cap Finisterre, & dans les terres Mondonédo evéché & Compostelle archévéché. Sur le Minho sont Lugo, Orense & Tui, trois viles episcopales.

II. III. Les principales viles des Asturies sont Oviédo & Santillana; & celles de la Biscaie sont Sant Andéro, Bilbao, Saint Sébastien & Fontarabie; toutes quatre ports de mer.

IV. V. Pampelune est la capitale de la Navarre, où est encore Tudéla sur l'Ebre; Sarragosse archévéché aussi sur l'Ebre est la capitale de l'Arragon; au nord-est de Sarragosse est Huesca evéché & université.

VI. On trouve dans la Catalogne sur la Ségre riviére qui se perd dans l'Ebre, Ur- Balaguier & Lérida ; sur l'Ebre Tortose, gel, puis en suivant la côte jusqu'aux Pirénées Tarragone archévéché, Barcelone capitale de la Catalogne & evéché, puis Ampurias & Roses ; & enfin dans les terres de l'ouest à l'est Salsone, Vich & Girone, trois viles episcopales.

VII. Dans le roïaume de Valence sont du nord au sud, Valence riche archévéché & port de mer, Gandie, Alicante autre port de mer, & Orihuéla evéché.

VIII. IX. Les viles de la Murcie sont Murcie, à son midi Carthagenne, fameux port de mer ; & celles du roïaume de Grenade sont Grenade archévéché, & sur la côte en alant vers le couchant Almerie, Almugneçar & Malaga trois ports de mer.

X. On trouve dans l'Andalousie à l'embouchure du Guadalquivir San-Lucar, puis en remontant cette riviére Sévile archévéché & capitale, & Cordoue. Sur la côte occidentale sont Xéres & Rota, deux viles renomées pour l'excellence de leurs vins, puis Sainte-Marie port de mer, aussibien que Cadix autre fameux port dans une île de même nom. Gibraltar est à l'extrémité orientale du détroit.

XI. Dans la nouvelle Castille vers le nord-ouest on voit Madrid capitale de toute l'Espagne, au centre de laquelle elle est située. A son occident est l'Escurial magnifique palais avec un riche couvent, où sont lès tombeaux des rois & des reines d'Espagne, & à son nord Alcala de Hénarès université. Au midi de Madrid sur le Tage sont Tolède, le plus riche archévéché de toute la chrétienté, & capitale de la nouvelle Castille, puis en remontant le Tage, Aranjuez maisons roiiales.

Les autres viles considérables sont sur le Tage Alcantara, & sur la Guadiana Badajoz, Mérida & Calatrava.

XII. Les principales viles de la vieille Castille sont vers le nord sur l'Arlançon riviére qui tombe dans le Douro à droite, Burgos archévéché, & Vailladolid, puis au midi Ségovie & Avila.

XIII. Les viles du Léon sont au nord Léon, & à son midi Zamora sur le Douro, puis Salamanque la plus célébre université d'Espagne.

XIV. A l'orient du roiiaume de Valence on voit trois îles qui dépendent de l'Espagne, ce sont du couchant au levant Ivice, Maillorque & Minorque. Les deux premiéres ront pour capitale chacune une vile de même nom; Citadelle est la capitale de l'île Minorque, & les Anglois y ont le Port-Mahon, un des meilleurs de la méditerranée.

LE PORTUGAL.

Le Portugal est situé entre le 9 & le 12 dégré de longitude, & entre le 37 & le 42 de latitude.

Les trois principales riviéres du Portugal sont au nord le Douro, le Mondégo & le Tage.

Les viles les plus remarquables sont toutes situées dans la partie occidentale, & ce sont en alant du nord au sud Brague archévéché, à l'embouchure du Douro est Porto la seconde vile du roiiaume avec un bon port & sur le Mondégo est Coimbre ornée d'une université : Lisbonne archévéché est sur le Tage & à deux lieues de son embouchure : cette vile est capitale du roiiaume, le séjour des rois, & elle a un des plus beaux ports du monde. A l'orient de Lisbonne est Evora troisième archévéché, & à son midi Sétuval port de mer.

La partie méridionale du Portugal est le roiiaume d'Algarve, où l'on trouve au sud-ouest le fameux cap de Saint-Vincent. Ses principales viles sont de l'ouest à l'est Lagos, Faro & Tavira.

L'ITALIE.

L'Italie est entre le 25 & le 36 dégré de longitude, & entre le 37 & le 46 de latitude. Ses bornes dans la partie septentrionale sont à l'occident la France méridionale, au nord la Suisse & les etats héréditaires de la maison d'Autriche : le reste est borné par la méditerranée. Si on considère la figure de l'Italie, on trouvera aussitôt qu'elle re-semble à une bote, qui pousse du bout du pied la Sicile dans la mer.

Le Pô autrefois l'Eridan est la principale riviére de l'Italie : il en arrose la partie septentrionale, & il a son embouchure dans le golfe de Venise.

On peut diviser l'Italie en septentrionale & en méridionale. L'Italie septentrionale comprend sept parties : trois sont traversées par le Pô, savoir les etats du duc de Savoie, le duché de Milan, & celui de Mantoue ; la quatriéme au nord du Pô est la seigneurie de Venise. Les trois autres sont au midi du Pô, savoir la côte où la seigneurie de Gènes, l'état de Parme & celui de Modène. L'Italie méridionale contient trois parties, la Toscane, l'état de l'Eglise, & le roiiaume de Naples. A ces dix parties il faut joindre les îles.

I. Les etats du duc de Savoie.

Les etats du duc de Savoie sont, au midi du lac de Genève la Savoie, de là au sud-est le Piémont, puis à l'orient le Montferrat.

Le Rhône borne la Savoie à l'occident, & au nord il la borne avec le lac de Genève.

Ses principales riviéres sont dans la partie méridionale l'Isère & l'Arche.

Les principales viles de la Savoie sont Genéve sur le Rhône, puis en tirant vers le midi, Anneci, & Chamberri capitale & siége d'un parlement. Sur l'Isère est Montiers archévéché, & sur l'Arche Saint-Jean de Maurienne evéché. Genéve est une petite république aliée des Suisses, & sous la protection de la France.

Les grandes riviéres du Piémont sont du nord au sud la Doria, le Pô & le Tanaro.

On trouve dans le Piémont à l'orient de Briançon vile du Dauphiné Suze, le grand passage de France en Italie, puis au sud-est Pignérol & Saluces.

Sur la Doria sont Aoust & Yvrée, à l'est Verceil, sur le Pô Carignan, Turin, Vérue, & dans le Montferrat, Trin & Casal. Turin est la capitale du Piémont, & la résidence du duc de Savoie, qui est aussi roi de Sardaigne.

Sur le Tanaro sont Céva, Quiérasc, Alba, & dans le Montferrat Asti. Sur la côte on voit Nice, Vile-franche port de mer, & Monaco qui est au prince de ce nom.

II. Le duché de Milan.

Le duché de Milan a pour borne au nord la Suisse, au midi l'état de Gènes & celui de Parme, au couchant le Piémont & le Montferrat, & au levant la Valtéline, l'état de Venise, le Mantouan & le duché de Plaisance.

On y trouve au nord quatre lacs, ce sont de l'ouest à l'est le lac majeur, le lac de Lugano, le lac de Côme & le lac de Lecco.

La plus belle de ses riviéres est le Pô, qui le traverse de l'ouest à l'est, & qui le partage en deux parties, l'une septentrionale & l'autre méridionale.

Les riviéres de la partie septentrionale sont en començant par l'occident la Sessia, le Tésin qui traverse le lac majeur, le Lambro, l'Adda qui traverse le lac de Côme & de Lecco, & l'Oglio qui traverse le lac d'Iséo, & sépare le Crémonèse du Bressan. Les riviéres de la partie méridionale sont le Tanaro, la Servia & la Trébia, qui se déchargent toutes trois dans le Pô.

Le duché de Milan se divise en quatorze territoires. Trois sont au nord-ouest : ce sont du nord au sud les valées d'Ossola, les valées de Sessia & le Verceillois. Trois sont entre la Sessia & le Tésin, savoir le Novarèse, le Vigévanasc, & le Laumelline. Trois sont au milieu, savoir en començant par le nord, le Comasc, le Milanèse & le Pavèse. Deux sont à l'orient & sur la rive septentrionale du Pô : ce sont le Lodésan & le Crémonèse. Enfin trois sont au midi du Pô, savoir l'Aléxandrin, le Tortonèse & le territoire de Bobbio.

De ces quatorze territoires cinq apartiennent au roi de Sardaigne, ce sont le Verceillois, le Novarèse, le Laumelline, l'Aléxandrin & le Tortonèse. Les neuf autres sont encore à la maison d'Autriche.

Les valées d'Ossola sont arrosées par la Tessa qui tombe dans le lac majeure. Les principales viles sont Domo d'Ossola; puis à l'extrémité méridionale du lac majeur Arona sur la côte occidentale, & sur l'orientale Anguiera & Sesto.

Les meilleures places des Valées de Sessia sont, dans la partie orientale & sur la Sessia, Varallo & Borgo.

On trouve dans le Verceillois du nord-ouest au sud-est Biella, Santia sur le canal d'Ivrée à Verceil; & enfin sur la Sessia Verceil. Au nord du Verceillois est enclavée la principauté de Masséran, qui a son prince particulier.

Le Novarèse a sur la Sessia Romagnono, & vers le milieu Novare. Le Vigévanasc à Vigévano près du Tésin; & le Laumelline a sur le Pô Brême & Valence, & vers le milieu du nord au sud Mortara & Laumello.

Dans le Comasc on trouve à l'extrémité septentrionale du lac de Côme le Fort de

Fuentes, à l'extrémité méridionale Côme, & Lecco à l'extrémité méridionale du lac de Lecco sur l'Adda. Au sud-est de Côme est Milan, grande vile, arquiépiscopale, & capitale de tout le duché, & sur le Lambro sont Monza & Marignan. Pavie est sur le Tésin, & à son sud-ouest Voghéra.

Lodi est sur l'Adda, de même que Picighitone qui est du Crémonèse. Crémone est près du Pô & Casal Maggiore est sur le Pô.

Aléxandrie capitale de l'Aléxandrin est sur le Tanaro : à son orient sur la Servia est Tortone, & sur la Trébia est Bobbio.

III. Le Mantouan.

Le duché de Mantoue apartient à la reine de Hongrie. Les plus belles de ses riviéres sont l'Oglio & le Mincio, qui se jettent toutes deux dans le Pô.

Sur l'Oglio on voit Canéto ; & sur le Mincio Goito, Mantoue & Governolo. Mantoue est une vile très-forte, située au milieu d'un lac ; elle est la capitale du Mantouan. Les viles situées sur le Pô sont sur la rive méridionale, Guastalla, Luzzara, & sur la rive septentrionale Borgo-forte & Ostiglia.

IV. L'état de Venise.

Les deux grandes riviéres de l'état de Venise sont le Pô, & l'Adige qui vient du Tirol.

Les principales viles de l'état de Venise sont de l'ouest à l'est Bergame, Brescia, Vérone sur l'Adige, Vicence, Padoue célébre université, & Venise. Cette vile est bâtie sur pilotis au fond du golfe qui porte son nom : elle est grande, belle, surnommée *la riche*, aussi est-elle la plus marchande de toute l'Italie. Au de là du golfe, & à l'orient de Venise est l'Istrie qui a pour capitale Capo d'Istria.

Les Vénitiens possédent encore presque toutes les îles qui sont situées dans le golfe de Venise & dans la mer Ionienne. Les plus considérables sont Corfou, Sainte-Maure, Céphalonie & Zante, toutes quatre dans la mer Ionienne, qui fait partie de la Gréce.

V. L'état de Gènes.

L'état de Gènes se divise en deux parties qu'on apelle riviéres : l'occidentale est apellée riviére de ponant, & l'orientale riviére de levant.

On trouve dans la riviére de ponant, en suivant la côte Vintimille, Final, Albinga, Noli, Savone, & Gènes. Cette vile est capitale & archévéché, & est surnomée *la superbe.* Sur la riviére de levant sont Porto Vénére & Spécia. Toutes ces viles sont autant de ports de mer.

VI. L'état de Parme.

Les riviéres de l'état de Parme sont de l'ouest à l'est la Trébia, le Taro & la Parma.

L'état de Parme comprend deux duchez, celui de Plaisance à l'occident, & celui de Parme à l'orient.

Plaisance sur le Pô est la capitale de son duché. De-là en tirant à l'est sud-est on trouve Fiorenzola, San-Donino, & Parme sur la riviére de même point : cette vile est très-belle, elle étoit le séjour du souverain ; elle est episcopale a une & université. Au nord de San-Donino est Busséto.

VII. L'état de Modène.

L'état de Modène est borné au nord par le Mantouan, au midi par l'état de Luques & par la Toscane occidentale : au couchant ses bornes sont le Parmésan, & à l'est le Bolognèse.

Ses riviéres sont de l'ouest à l'est le Crostolo, la Secchia & le Panaro.

L'état de Modène comprend aussi deux duchez, celui de Reggio à l'ouest, & celui de Modène à l'est.

Sur la lisiére occidentale du duché de Reggio, on voit du nord au sud Bréssello sur le Pô, Cassel-Neuvo & Canossa ; c'est où l'Empereur Henri IV s'humilia si fort devant le pape Grégoire VII en 1077. Reggio est sur le Crostolo. Au nord de Reggio est Novellare, & à son nord-est sont Correggio, puis Carpi. Modène capitale de tout cet etat est au levant de Reggio en tirant un peu au midi. Sur la route de Reggio à Modène sont Rubiéra & Marsailla.

Au nord du duché de Modène est celui de la Mirandole qui apartient au duc de Modène. On y voit dans la partie occidentale Concordia, & à son levant la Mirandole.

VIII. Le grand duché de Toscane.

Les deux principales riviéres de la Toscane sont l'Arno & l'Ombrone.

Cet etat est composé de trois territoires, dont deux sont traversez par l'Arno, savoir le Pisan à l'ouest & le Florentin à l'est; & le troisième qui est le Siennois, est au midi du Florentin.

Les viles du Pisan sont, sur l'Arno Pise archévéché, à son midi sur la côte Livourne célébre par la franchise de son port, qui est extrémement fréquenté; & à l'orient de Livourne est Volterre, évéché.

Les places les plus remarquables du Florentin sont, en remontant l'Arno, San-Miniato, Empoli & Florence surnomée *la belle*; c'est la capitale du grand duché, le lieu de la résidence du grand duc, & elle est arquiépiscopale.

Au couchant de Florence sont Prato & Pistoïa, deux evéchez. Près & au nord de Florence sont Fiésoli evéché & le Pratolino, magnifique maison du grand duc. Au midi de Florence est Colle evéché. Dans la partie orientale on trouve du nord au sud San Sepolcro sur le Tibre, Arezzo, Cortona & Monte-pulciano, quatre viles episcopales.

A l'orient de Florence en tirant un peu au nord on voit deux abaiies célébres & chefs d'ordre, ce sont Val-ombrosa & Camaldoli.

Au nord du Siennois est Sienne archévéché. Dans la partie méridionale qui est au couchant de l'Ombrone sont Massa evéché, Montieri & Grosséto, autre evéché. Près & à l'orient de l'Ombrone est Mont-Alcino célébre pour ses bons vins, & dans la partie orientale on voit du nord au sud Pienza & Soana deux evéchez, & à l'orient de Soana Pitigliano place forte.

Il y a trois petits etats enclavez dans le Grand-duché, & le long de la mer ; ce sont, au couchant la république de Luque, & au midi la principauté de Piombino & l'état *delli présidii* ou des garnisons. Ces deux derniers apartiennent au roi des deux Siciles.

Dans l'état de Luque on voit sur la côte Viarégio, bourg & le seulport de la république, & à l'orient Luque capitale & evéché.

La principauté de Piombino s'étend autour du golfe de même nom, & a pour capitale Piombino evéché à l'occident.

L'état *delli présidii* est au midi du Siennois; les principales viles sont de l'ouest à l'est Télamone, Orbitello, Porto San-Stéphano, & Porto Hercole, quatre ports de mer.

Au midi de Piombino est l'île d'Elbe, au roi des deux Siciles. On y remarque au nord Ferraïo qui est au grand duc, & à l'orient Porto-longone au roi des deux Siciles.

IX. L'état de l'Eglise.

Le fameux Tibre est la principale riviére de l'état de l'Eglise : elle arrose Rome surnomée *la Sainte*, qui en est la capitale & la résidence du Pape, qui en est le prince souverain.

Des autres viles les plus considérables de cet etat, celles qui sont situées dans la partie septentrionale sont, Ferrare sur le bras le plus méridional du Pô, à son midi Bologne, puis en suivant la côte Ravenne, Rimini, Ancone & Lorette. Ferrare est la capitale du Ferrarèse, Bologne ornée d'une université très-célébre, l'est du Bolognèse, & Ravenne de la Romagne.

La vile de San-Marino capitale d'une petite république, mais très-ancienne est enclavée dans la partie orientale de la Romagne.

Les principales viles de la partie méridionale sont Pérouse sur le Tibre, à son midi Orviette & Viterbe, & sur la côte Civita-Vecchia, puis à l'embouchure du

Tibre, Porto & Ostie. Frescati est à l'orient de Rome, & le charmant Tivoli à son nord-est.

X. Le roiiaume de Naples.

Le roiiaume de Naples avec la Sicile composent maintenant un seul etat qu'on apelle le roiiaume des deux Siciles.

Le roiiaume de Naples se divise en huit grandes Provinces, dont quatre sont sur le golfe de Venise, savoir l'Abbruzze, le comtat de Molice, la Capitanate & la Pouille, & quatre sur la mer de Toscane, savoir le Labour, le Principat, la Basilicate & la Calabre.

L'Abbruzze se divise par raport à Naples en citérieure & en ultérieure. Aquila est la capitale de l'Abbruzze ultérieure, & Chiéti de la citérieure, où, on trouve encore sur la côte au nord Pescara, place forte. Téramo au nord d'Aquila est la capitale d'une petite province : Molise est dans le comté de son nom ; celles de la Capitanate sont Lucère vers le milieu, & Manfrédonia au fond du golfe de même nom.

La Pouille se divise en deux provinces. que l'on apelle terre de Bari, & terre d'Otrante ou la province de Lecce.

On trouve dans la terre de Bari, sur la côte Trani & Bari, deux archévéchez, puis au sud-ouest de Barri Bitonto. Dans la province de Lecce ou d'Otrante on voit aussi sur la côte Brindisi, Lecce, Otrante, & sur le golfe de Tarente, Tarente & Callipoli. Brindisi étoit autrefois le trajet d'Italie en Grèce, aujourd'hui le port en est bouché. Lecce est la capitale de cette province.

On trouve dans la terre de Labour sur la côte Gaétte place forte, Poussol, & Baie aujourd'hui chateau avec un des meilleurs ports de la méditerranée ; & sur le golfe de Naples, Naples & Sorrente deux archévéchez. Naples surnomée *la noble*, est la capitale du roïiaume, le séjour du souverain ; & après Paris & Londre c'est une des viles les plus peuplées de l'Europe.

Au nord de Naples est Capoue archévéché ; au nord-est on voit Nole, & à huit mile à l'orient le mont Vésuve terrible volcan. Dans le golfe de Naples sont les îles de Procita & d'Ischia au couchant, & au levant celle de Capri autrefois Caprée.

Le Principat se divise en citérieur & en ultérieur. Dans le Principat ultérieur on voit Bénevent duché & archévéché, qui avec son territoire apartient au Pape, & Montéfuscolo capitale. Dans le Principat citérieur on voit sur le golfe de Salerne Amalfi, vile jadis très-puissante par son grand comerce, Salerne autrefois fameuse par son ecole de médecine, & aujourd'hui avilie ; puis Policastro qui done son nom au golfe voisin.

La Basilicate a Cirenza, la Calabre citérieure a pour capitale Cosenza au sud-est, & l'ultérieure a au nord-est Santa-Sévérina & Cotrone port de mer ; puis sur le golfe de Squillace, Cantazaro, & sur le Fare de Messine Reggio. XI. *Les îles d'Italie.*

I. La Sicile est la plus grande des îles de la méditerranée : elle se divise en trois provinces que l'on apelle valées ; ce sont celle de Mazara à l'occident, & à l'orient celles de Démona & de Noto.

Les principales viles de la valée de Mazara sont, sur la côte septentrionale Palerme, sur la côte occidentale Trapani, & sur la méridionale Mazara & Gergenti. Palerme est la capitale de toute la Sicile, la résidence du Vice-roi, le siége d'un archévêque & d'une université. A son midi est Mont-réal autre archévéché très-riche.

Les viles de la valée de Démona sont sur la côte orientale Messine & Catane : Messine est la vile la plus riche de la Sicile avec un des meilleurs ports de la méditerranée. Le Mont Gibel autrefois le mont Etna est au nord-ouest de Catane.

Siracuse ou Saragoça sur la côte orientale & Noto, sont les deux principales viles de la valée de Noto.

Au nord de la Sicile sont les îles de Lipari ainsi nomées de celle de Lipari, qui en est la principale avec une vile episcopale de même nom.

Au midi de la Sicile est l'île de Malthe, qui apartient aux chevaliers de l'ordre de Saint-Jean de Jérusalem, apelez comunément chevaliers de Malthe. Sa capitale est la Valette vile la mieux fortifiée de l'univers; c'est où réside le grand Maître de l'ordre.

II. L'île de Corse apartient aux Génois. Ses principales viles sont, sur la côte occidentale San-Fiorenzo, Calvi & Ajazzo, & sur la côte orientale la Bastia capitale de toute l'île.

III. L'île de Sardaigne apartient au duc de Savoie. Sa division est en cap Logudori au nord & en cap Caillari au sud.

Le cap Logudori a pour principales viles sur la côte occidentale du nord au sud Castel Aragonèse, Sassari capitale & archévéché, & Alghèri.

Dans le cap Caillari on trouve sur la côte occidentale Oristagni archévéché, & sur l'orientale Caillari autre archévéché, capitale de toute l'île, & résidence du vice-roi.

LA HONGRIE.

La Hongrie est maintenant un roiiaume héréditaire qui est possedé par la maison d'Autriche. Elle est située entre le 35. & le 47 dégré de longitude, & entre le 45. & le 49. dégré 15 minutes de latitude.

Les bornes de la Hongrie sont à l'occident, l'Autriche & la Stirie, au midi la Save, puis le Danube: au nord ce sont la Moravie orientale, la Silésie & la Pologne, & au levant la Moldavie & la Valaquie.

La principale riviére de la Hongrie est le Danube, qui la traverse du nord-ouest au sud-est. Mais outre le Danube il y en a encore quatre autres qui méritent bien d'être remarquées ; deux sont au nord du Danube, & coulent vers le sud, le Wag dans la partie occidentale & la Teisse dans la partie orientale ; & toutes deux se mélent avec le Danube, mais la Teisse reçoit auparavant la Maros. Les deux autres sont au midi du Danube, savoir la Drave & la Save : elles coulent de l'ouest à l'est, & grossissent les eaux du Danube.

Le roiiaume de Hongrie comprend trois grandes provinces, la Hongrie, l'Esclavonie & la Transilvanie. La Hongrie est au nord de la Drave & ensuite du Danube ; l'Esclavonie est entre la Drave & la Save, & la Transilvanie est à l'orient de la Hongrie.

I. Le Danube partage la Hongrie en haute au nord, & en basse au midi.

Les principales viles de la haute Hongrie sont, sur la rive septentrionale du Danube, Presbourg, capitale & le lieu du couronement des rois, Pesth à l'oposite de Bude, puis Colocza archévéché. A l'orient de Presbourg sont Neuhausel & Agria, deux viles extrémement fortes.

Sur le Wag sont Transchin, célébre

pour ses eaux minérales & Léopolstadt.

On trouve sur la Teisse en la décendant Petit-Waradin, Tokai renomé pour ses vins excellens, & Ségédin vis à vis l'embouchure du Maros. Au nord de Tokai est Cassovie, & à son nord-est Mongatz, deux places très-fortes. Au midi de Petit-Waradin sont Grand-Waradin, puis sur la riviére de Témès, Temeswar.

Les viles de la basse Hongrie sont Komore à la pointe orientale de la grande Schut (c'est le nom d'une île que forme le Danube en entrant en Hongrie), sur le bras le plus méridional de la petite Raab ou Javarin, & sur le Danube Gran archévéché, Bude autrefois capitale de tout le roiiaume, & Mohatz. Au midi de Gran sont Albe-roiiale & Sigeth.

Dans la partie la plus occidentale est Sopron ou Edenbourg vile extrémement forte, & Canise une des meilleures forteresses de la Hongrie; elle est située au milieu d'un marais isolé par une riviére.

II. Les principales viles de l'Esclavonie sont vers le milieu Poséga, à l'embouchure de la Drave Esseck, & sur le Danube Peter-Waradin, Carlowitz, où se fit en 1690, la paix entre l'Empereur & le Turc, puis Salankémen & Zemlin. Au sud de Waradin est Sirmisch, qui est l'ancienne vile de *Sirmium*.

III. Les deux plus grandes riviéres de la Transilvanie sont le Maros & l'Alt. Le Maros coule d'abord au sud , puis à l'ouest & se mêle avec la Teisse ; & l'Alt coule du nord au sud , traverse la Valaquie occidentale , & tombe dans le Danube.

Les meilleures viles de la Transilvanie sont , à l'occident sur le Samos Clausenbourg ou Coloswar , sur le Maros Albe-Julie ou Weissenbourg evéché & le lieu de la résidence des anciens princes. De là en tirant vers l'orient on voit Hermanstadt , puis Brassow autrement Cronstadt : Hermanstadt est la capitale de la Transilvanie , le lieu où réside le gouverneur , & le siége d'un évêque. Au nord de Hermanstadt est Ségeswar ; & au nord de Cronstadt est Wasserhéli ou Newmarck la capitale des Cicules , peuples qui avoient suivi Attila , & qui se sont etablis en ces quartiers.

LA TURQUIE EUROPE'ANE.

La Turquie européane est située entre le 34 & le 46 dégré 30 minutes de longitude ; & entre le 36 dégré 40 minutes & le 49 de latitude.

Les principales riviéres de la Turquie européane sont le Danube , le Niester & le Niéper qui ont toutes trois leur embouchure dans la mer noire du sud au nord

Les monts Castagnas qui régnent de l'ouest à l'est partagent la Turquie en deux parties, l'une septentrionale, & l'autre méridionale.

La Turquie septentrionale comprend neuf provinces, trois au nord du Danube, savoir la Valaquie, la Moldavie & la Bessarabie : trois au midi de la Save, savoir la Croatie, la Bosnie, & à leur midi la Dalmatie. Enfin trois au midi du Danube, ce sont la Servie, la Bulgarie, & la Rumélie ou Romanie entre la Bulgarie & l'Archipel.

I. II. La Valaquie & la Moldavie sont deux provinces tributaires du Turc, & gouvernées chacune par un prince particulier que les Moldaves apellent Hospodar, & les Valaques Vaivode. Ces deux peuples sont chrétiens grecs. Targowick est la capitale de la Valaquie, & Yassi l'est de la Moldavie.

III. La Bessarabie est habitée par des Tartares qui sont indépendans du Turc, & qui obéissent à des chefs qu'ils se choisissent eux-mêmes. Ceux qui habitent au midi du Niester, sont apelez Tartares de Budziac, & ceux qui habitent au nord, Tartares d'Oczakow. Dans le Budziac on voit sur le Niester-Bender, & à son embouchure Bialogrod ; & dans l'Oczakow sur le Nieper & vers son embouchure est Oczakow.

IV. La Croatie se divise en autrichienne à l'ouest, & en turque à l'est : elles ont pour capitale l'autrichienne Carlstadt & la turque Wihitz.

V. Les principales viles de la Bosnie sont de l'ouest à l'est Jaicza, Bagnialuch & Sarraïo.

VI. La Dalmatie se divise en trois, savoir en Vénitienne & Ragusienne qui occupent toute la côte, & en turque qui est plus dans les terres. Les principales viles de la Dalmatie vénitienne sont Spalatro, Zara, Nona & Cattaro sur le golfe de même nom. La Dalmatie ragusienne compose une petite république, qui a pour capitale Raguse vile arquiépiscopale & fort marchande. Herzégovina est la capitale de la Dalmatie turque.

VII. On trouve dansla Servie sur le Danube, Belgrade, Sémendria, Viddin & Orsova : Belgrade est à l'embouchure de la Save, & capitale de la Servie.

VIII. Les viles de la Bulgarie sont, sur le Danube, Nicopoli, à son midi Sophie, autrefois Sardique qui en est la capitale, & à l'orient sur la mer noire Warna, célébre par la défaite de Ladislas roi de Hongrie en 1444.

IX. Constantinople sur le détroit de même nom, est la capitale de la Romanie & de tout l'empire Ottoman ; elle est aussi le séjour du monarque. Les autres viles les plus considérables de la Romanie sont, Andrinople au couchant de Contantinople & sur la Mariza, de même que Trajanopoli : Gallipoli à l'extrémité méridionale de la mer de Marmara ; & enfin les Dardanelles, ce sont deux chateaux forts, qui comandent le détroit, l'un en Europe nomé autrefois Sestos, & l'autre en Asie, conu sous le nom d'Abydos.

La Turquie méridionale remplace l'ancienne Gréce : elle contient sept grandes parties, dont deux sont à l'occident, savoir l'Albanie sur le golfe de Venise, & l'Epire sur la mer Ionienne : quatre se suivent du nord au sud, savoir la Macédoine, la Janna, la Livadie & la Morée : les îles font la septième partie.

I. L'Albanie, que les Turcs noment Arnaut, a pour capitale Scutari au nord ; à son midi sont Croie que le prince Scanderbeg a rendu illustre, Durazzo avec un bon port sur le golfe de Venise, puis la Valone & Dolcigno.

II. On trouve dans l'Epire en suivant la côte, à l'oposite d'Otrante, Canina, puis Chiméra, Buthrinto, la Prévèza, & Larta au fond du golfe de même nom.

III. La Macédoine, que les Turcs noment Comenolitari, a pour capitale Saloniki au fond du golfe, auquel elle done son nom.

nom. A son orient & à l'embouchure du Strimon est Contessa, qui done son nom au golfe voisin : au midi du golfe est le mont Athos aujourd'hui monté Santo.

IV. La Janna, qui est l'ancienne Thessalie, a sur le Salampira, autrefois le Pénée, Janna & Larissa. Au midi de Larissa est Farsa, jadis Pharsale, si fatale à la liberté romaine.

V. Les principales viles de la Livadie qui est l'Achaie des anciens, sont de l'ouest à l'est, Lepante à l'entrée du golfe de son nom, Salone, Livadie & Athènes. Le golfe qui est au midi d'Athènes, & qui separe la Livadie d'avec la Morée, s'apelle le golfe d'Engia.

VI. Les viles de la Morée sont, dans la partie septentrionale, à l'entrée du golfe de Lepante, Patras, & Corinthe à l'entrée de l'isthme de même nom : dans la partie méridionale à l'ouest Navarin, Modon & Coron, trois viles fortes avec de bons ports, & dans la partie orientale Napoli di Romania & Malvasia, dont les vins sont si vantez : à son couchant est Misitra, qui est l'ancienne Lacédémone.

VII. Les îles de la Turquie européane sont toutes situées dans la partie occidentale de l'Archipel. Les principales sont, en les prennant du nord au sud, Stalimène autrefois Lemnos, Négrepont autrefois

Eubée, Andro, Naxia, Milo & Candie jadis Crette, la plus grande de toutes, & qui a pour capitale Candie. Celles qui sont dans la partie orientale apartiennent à l'Asie, de même que Rhodes & Chipre, qui sont dans la partie orientale de la méditerranée. Pour celles qui sont dans la mer Ionienne, come Corfou, Sainte-Maure, Céphalonie & Zante, nous avons déja dit qu'elles sont aux Vénitiens.

LA PETITE TARTARIE.

La petite Tartarie est ainsi nomée pour la distinguer de la grande qui est en Asie. Elle est très-peuplée, & obéit à un prince ou Kam qui est tributaire du Turc.

Elle se divise en septentrionale & en méridionale.

La partie septentrionale est habitée par les Tartares Nogais, qui marchent par ordes ou assemblées de familles, & elle n'a point de viles.

La petite Tartarie méridionale que l'on nome ordinairement la presqu'île de Crimée, d'Or ou de Pzrécop, a pour principales viles Or ou Pzrécop à l'entrée de la presqu'île à laquelle elle done son nom; vers le milieu Baciesarai, résidence du Kam; pour Caffa, vile bien peuplée & marchande, avec un bon port sur la mer noire, elle apartient au Turc.

L'ASIE.

L'Asie est sans contredit la plus riche come la plus grande des trois parties de notre continent. Elle est bornée à l'occident par l'Europe & l'Afrique, & au midi par la mer des Indes : au nord par la mer glaciale, & au levant par l'océan oriental, qui fait partie de la mer du sud.

La division la plus générale de l'Asie est en terre ferme & en îles : mais come la Tartarie ocupe à peu près le milieu de la terre ferme, & qu'elle l'a traverse dans toute son etendue, depuis le Don & la mer de Zabache à l'occident, jusqu'au golfe de Kamtzchatka à l'orient, elle nous fournit une division très-comode de la terre ferme en trois grandes parties, savoir en partie septentrionale, en partie du milieu & en partie méridionale.

La partie septentrionale comprend les régions situées au nord de la Tartarie ; elles sont au nombre de trois, la Russie asiatique, la Sibérie, & le Kamtzchatka. La Russie asiatique est la plus occidentale, elle s'étend jusqu'à l'Obi ; la Sibérie est au milieu, & d'une très-grande etendue, & le Kamtzchatka est à l'orient.

La partie du milieu, qui est la Tartarie même, comprend les régions habitées par les Tartares ; & la partie méridionale comprend les régions situées au midi de la Tartarie. Elles sont au nombre de cinq, la Turquie asiatique, l'Arabie, la Perse, l'Inde & la Chine. Mais avant que d'entrer dans la description de ces vastes régions, voiions quels en sont les principaux lacs, golfes & fleuves.

Pour comencer par les lacs, il n'y en a guére qu'un qui mérite d'être remarqué : il est à l'orient de la mer noire, & est conu sous le nom de mer Caspienne & de mer de Sala.

Il y a dans l'Asie sept principaux golfes, tous dans la partie méridionale : ce sont de l'ouest à l'est, la mer rouge, le golfe Persique, les golfes de Bengala, de Siam, de Cochinchine & de Cang, & la mer de Kamtzchatka.

La mer rouge, que l'on apelle encore mer de la Méque & golfe Arabique, est à l'occident de l'Arabie qu'elle sépare de l'Afrique : son détroit est apellé détroit de Babelmandel, de l'île de même nom qui est au milieu.

Le golfe persique est entre l'Arabie & la Perse ; il est encore nomé golfe de Basora & mer d'El-Catif de deux viles de ce nom, qui en sont proches : son détroit est apelé détroit d'Ormus de l'île de ce nom qui en est voisine.

Le golfe de Bengala est au milieu de l'Inde, ceux de Siam & de Cochinchine sont dans la partie orientale de l'Inde : le golfe de Cang est au nord-est de la Chine, qu'il sépare de la presqu'île de Corée. Pour la mer de Kamtzchatka, elle est au nord du Japon ; elle s'avance vers le nord depuis environ le 36 dégré de latitude nord jusqu'au 60, & elle sépare la partie méridionale de la région, qu'on apelle Kamtzchatka, d'avec la Sibérie méridionale, la Tartarie & la Corée.

Passons aux principaux fleuves de l'Asie. Il y en a quatre dans la partie septentrionale, ce sont l'Irtis, l'Obi, le Jéniséa & le Léna. Ces quatre grands fleuves qui arrosent la Sibérie, coulent du sud au nord ; l'Irtis & l'Obi après un long cours mêlent leurs eaux pour les porter à la mer glaciale, où se jettent aussi le Jéniséa & le Léna.

Les deux grands fleuves de la Tartarie sont le Wolga, & l'Amour : le Wolga à sa source dans la Russie europêane ; & après un cours très-long se perd dans la mer Caspienne ; l'Amour coule du couchant au levant, & tombe dans la mer de Kamtzchatka.

Les quatre fleuves les plus conus de

l'Asie méridionale sont l'Euphrate, le Tigre, l'Inde & le Gange. L'Euphrate & le Tigre prennent leur source dans les montagnes de l'Arménie, & après avoir lontemps coulé séparément, se joignent ensembles près de Balsora pour se perdre dans le golfe Persique. L'Inde apelé autrement le Sinde, sort du mot Imaüs, arrose la partie occidentale de l'Inde, à laquelle il done son nom, & tombe dans la mer des Indes; & le Gange en arrose le milieu, & a son embouchure dans le golfe de Bengala.

Revenons maintenant aux trois grandes parties, en quoi nous avons partagé l'Asie; & voiions ce que chacune contient de plus remarquable.

I. LA PARTIE SEPTENTRIONALE DE L'ASIE.

La partie septentrionale de l'Asie, fait partie de l'empire russien. Elle s'étend au nord jusque vers le 75 paralelle, & à l'orient selon quelques-uns jusqu'au 212 ou 213 dégré de longitude.

La Russie asiatique n'a point de vile considérable non plus que le Kamtzchatka, qui n'est conu que depuis la fin du régne de Pierre le Grand, que les Russiens ont comencé à y etablir des colonies.

Tobolskoi sur l'Irtisch est la capitale de la Sibérie ; c'est une grande vile bien peuplée, & riche par son comerce de fourures. Les autres viles les plus remarquables sont au nord-ouest de Tobolskoi, Vergaturia, & à son sud-ouest Tumen ; puis dans la partie orientale Nipchou sur l'Amour. La partie de la Sibérie qui s'étend le long de la mer glaciale, depuis l'Obi jusqu'au Léna est apelée Samoiiédie, & ses habitans Samoiiédes.

II. LA TARTARIE ; *qui est la partie du milieu de l'Asie.*

Come les Russiens possédent toute la partie occidentale de la Tartarie, & les Chinois la partie orientale, & que la partie du milieu est gouvernée par des Kams, qui ne dépendent d'aucune puissance étran-

* La terre de Kamtzchatka est une péninsule, située à l'orient de la Sibérie ou de la Tartarie Moscovite, à laquelle elle tient par le nord, & dont elle est séparée vers le midi par un golfe qu'on apelle le golfe de Kamtzchatka. Elle est située entre le 176 ou le 177 dégré de longitude & le 185; elle ne s'avance au midi que jusqu'au 51 dégré 10 minutes de latitude, & au nord elle tient vers le 60 paralelle à la Tartarie moscovite.

Les Moscovites qui errent çà & là en Sibérie ont pénétré sous le régne de Pierre le grand dans ce paiis, & s'y sont etablis après avoir soumis à leur souverain les peuples qu'ils y ont trouvez

Il croît au Kamtzchatka du blé, du chanvre, & les Moscovites en tirent de belles & riches pelleteries. Ceci est tiré de la relation & de la carte du capitaine Béring, qui fut reconoître ce paiis pa ordre de Pierre le grand en 1729.

gère, nous divisons la Tartarie en trois grandes régions qui sont de l'ouest à l'est la Tartarie russienne, la Tartarie indépendante, & la Tartarie chinoise.

La Tartarie russienne est bornée au couchant par le Don & la mer d'Azof, & au levant par la mer Caspienne & le fleuve de Jaïck, qui coule au nord-est de cette même mer, dans laquelle il se rend.

Elle comprend quatre grandes régions, dont trois sont traversées par le Wolga, savoir du nord au sud, le Casan, le Bulgar & l'Astracan, & la quatrième qui est la Circassie est comprise entre la mer d'Azof & la mer Caspienne.

Les deux principales viles de la Circassie sont Azof à l'embouchure du Don & Terki sur la mer Caspienne. Astracan est la capitale de sa province : cette vile est sur la Wolga à treize lieues de son embouchure ; elle est très-peuplée & très-comerçante.

La Tartarie indépendante s'étend depuis le Jaïck & la mer Caspienne à l'occident jusqu'aux déserts de Gobée, qui confinent à la Chine. Les Tartares qui en habitent la partie septentrionale & orientale, sont apelez Kalmoucks ; & ceux qui habitent la partie qui confine à la Perse & à la partie occidentale de l'Inde, sont apelez Usbecks. Pour la Tartarie chinoise, elle est habitée par les Tartares Mongales, qui obéissent à des Kams tributaires de la Chine.

III. PARTIE MERIDIONALE.

I. La Turquie asiatique.

La Turquie asiatique se divise en cinq grandes parties qui sont la Natolie, la Géorgie, la Turcomanie, le Diarbeck & la Sourie. La Natolie est comprise entre l'Archipel & l'Euphrate, la Géorgie est à l'orient de la mer noire, la Turcomanie est au midi de la Géorgie, & elle voit naître l'Euphrate & le Tigre : le Diarbeck s'étend à la droite & à la gauche du Tigre ; enfin la Sourie est à l'orient de la méditerranée.

I. La Natolie est précisément ce qu'on apeloit autrefois l'Asie mineure. Les deux principales viles sont Smirne sur l'Archipel, & Trébisonde sur la mer noire au sud-est. Smirne est la meilleure des échelles du levant (c'est ainsi qu'on apelle les viles de comerce de l'Asie qui sont maritimes.) A l'orient des Dardanelles sont Bourse ancienne capitale de l'empire des Turcs, puis Cioutaie, où réside le Bacha de Natolie.

II. La Géorgie est partagée entre le Turc & le Persan. La partie occidentale qui n'est que tributaire du Turc comprend trois provinces toutes contigues à la mer noire : ce sont du nord au sud la Mingrélie, l'Imirette & le Guriel. Ces provinces sont gouvernées chacune par un prince particulier, sous la protection du grand Seigneur. La partie orientale ne fait qu'une province qu'on apelle le Carduel : elle est au roi de Perse, & à pour capitale Teflis. Les Géorgiennes sont les plus belles femmes qu'il y ait au monde ; & ce sont elles qui emplissent le serrail du grand Seigneur, & celui du roi de Perse.

III. La Turcomanie qui est l'Arménie majeure des anciens, est aussi partagée entre le Turc & le Persan. La partie occidentale qui est au Turc, a pour capitale Erzérum sur l'Euphrate ; & la partie orientale qui est au Persan, a Erivan sur l'Araxe. Les Arméniens sont chrétiens, & très-entendus dans le comerce.

IV. On trouve dans le Diarbeck sur le Tibre Diarbékir ou Caraemit, Mosul, Bagdat, & Bassora. Bassora est une grande vile très-marchande, elle apartient maintenant à un Emir particulier.

V. Les principales viles de la Sourie sont, sur la côte du nord au sud Alexandrette, Antioche jadis surnomée la grande, Tripoli, Saïd & Joppé ; & dans les terres du sud au nord Jérusalem, Damas & Alep capitale, & une des viles les plus marchandes du levant.

II. L'Arabie.

L'Arabie est une grande presqu'île, qui se divise en trois parties, qui sont l'Arabie pétrée, l'Arabie déserte, & l'Arabie heureuse.

I. L'Arabie pétrée est au nord-ouest, elle a peu d'étendue, & elle apartient au Turc. Hérac vers le nord en est la capitale.

II. L'Arabie déserte la plus etendue est au nord : elle est partagée entre le Turc qui en posséde la partie septentrionale & le Chérif de la Méque, qui en posséde la méridionale. Anah sur l'Euphrate est la capitale de la partie qui est au Turc : Médine & la Méque toutes deux dans les terres vers la mer rouge sont les principales viles du Chérif ; la Méque est le lieu de la naissance de Mahomet, & Médine celui de son tombeau.

III. On trouve dans l'Arabie heureuse, à l'entrée de la mer rouge Moca, d'où vient le meilleur café, à son orient Aden, & sur le golfe Persique El-Catif. A l'orient d'El-Catif est l'île de Baharen fameuse par la pêche des perles.

III. La Perse.

Les principales viles de la Perse sont toutes situées dans la partie occidentale ; ce sont du nord au sud (outre Teflis &

Erivan) Tauris, Ispahan capitale de tout le roiiaume, Schiras & Gomrom ou Bander-Abassi sur le détroit d'Ormus : c'est le port le plus fréquenté de toute la Perse.

IV. L'Inde.

L'Inde se divise en trois grandes parties qui sont l'Indostan, la presqu'île occidentale, & la presqu'île orientale.

I. L'Indostan ou l'empire du grand Mogol a au couchant la Perse, & au nord la Tartarie indépendante : à son midi est la presqu'île occidentale, ainsi nomée parce qu'elle est à l'occident du golfe de Bengala : & la presqu'île orientale est à l'orient de l'Indostan & du même golfe de Bengala.

Les principales viles de l'Indostan sont, vers le nord Kachémire, vers le milieu Delhi capitale & Agra ; à l'entrée de la presqu'île occidentale Cambaie, à l'extrémité du golfe auquel elle done son nom, puis à l'orient du même golfe Sourate, vile la plus marchande de toute l'Asie, & enfin sur le Gange vers son embouchure Ouguéli, vile fort marchande ; les Holandois y ont un bureau le plus considérable des Indes après celui de Batavia.

II. Toute la partie septentrionale de la presqu'île occidentale fait aujourd'hui partie de l'empire du Mogol ; la partie du milieu comprend deux roiiaumes tributaires du grand Mogol, savoir ceux de Visapour à l'ouest, & celui de Golconde à l'est. La partie méridionale comprend la côte de Malabar à l'occident, la côte de Coromandel à l'orient, & le roiiaume de Bisnagar entre les deux côtes, & elle est terminée par le cap Comorin.

Les principales viles du roiiaume de Visapour sont, sur la côte occidentale Bombai aux Anglois, puis Chaul, Dabul & Goa, toutes trois aux Portugais ; enfin Calicnt & Cochin. Goa est le siége d'un archévêque, & la plus considérable de toutes les viles que les Portugais ont dans les Indes.

Dans les terres on trouve, vers le nord Visapour, & à son orient Golconde : ces deux viles sont capitales chacune du roiiaume de son nom.

Sur la côte orientale on voit Chicocol & Masulipatan ; ce sont deux viles maritimes. C'est sur la côte de Coromandel vers le cap Comorin, qu'on pêche les plus belles perles qui soient au monde.

Les Holandois ont sur cette même côte Paliacate, les Portugais Meliapour autrement San-Thomé, l'empereur Sadrapatan ou Coblon, & les François Pondichéri.

III. La presqu'île occidentale renferme sept principaux etats, trois desquels confinent au golfe de Bengala, ce sont le roiiaume d'Arracan, les etats du roi d'Ava & le roiiaume de Siam : celui de Laos est dans les terres, & à l'orient de celui de Siam ; les trois autres sont plus orientaux, savoir ceux de Tunquin, de Cochinchine & de Camboge. Les rois de Tunquin & de Cochinchine sont tributaires de l'empereur de la Chine, & celui de Camboge l'est du roi de Siam.

Le Ménant est la plus grande des riviéres de Siam, elle coule du nord au sud, & tombe dans le golfe de Siam.

Les principales viles du roiiaume de Siam sont Louvo, Siam capitale & Bancock, toutes trois sur le Ménant.

La partie méridionale de ce roiiaume comprend la presqu'île de Malaca ; mais la vile de Malaca qui est à son extrémité apartient aux Holandois. La capitale de Tunquin est Kécho, & celle de Cochinchine est Caccian.

V. La Chine.

La Chine est très-riche, extrémement peuplée, & l'empire le mieux policé qui soit au monde. Ses viles les plus considérables se trouvent dans la partie orientale ; ce sont vers le nord Pékin, & à son midi Nanquin, puis Canton vile maritime. Pékin est la capitale de la Chine & la résidence de l'empereur, Nanquin l'étoit autrefois, & elle est encore la plus peuplée & la plus riche. Les Portugais possédent la petite île & la vile de Macao à l'entrée du golfe de Canton.

VI. Les iles de l'Asie.

Les îles de l'Asie se peuvent réduire à sept corps ou assemblages : ce sont les Maldives, Ceïlan, les îles de la Sonde, les Moluques, les Philippines, les Marianes & les îles du Japon.

Les Maldives sont situées au sud-ouest du cap Comorin, Ceilan est à l'orient de la côte de Coromandel, les iles de la Sonde sont au sud de la presqu'ile orientale & sous la ligne ; les Moluques sont aussi sous la ligne, mais plus à l'orient : les Philippines sont au nord des Moluques, & ont à leur orient les Marianes autrement les îles des Larrons. Enfin les îles du Japon sont à l'est de la Chine.

I. Les îles Maldives que l'on fait monter jusqu'à douze mile forment un roïiaume, dont le monarque qui est mahomettan, réside à Malé la plus grande de toutes, laquelle n'a cependant que deux lieues de tour.

II. L'île de Ceilan compose aussi un roïiaume qui a son roi particulier ; mais les Holandois y ont les meilleures places maritimes, come Colombo & Ponto-Galé sur la côte occidentale.

III. Parmi les îles de la Sonde il y en a trois fort grandes, savoir Sumatra qui est à l'oposite de la presqu'île de Malaca, Borneo qui est à l'orient, & Java qui est au midi. Le fameux détroit de la Sonde, qui est entre l'île de Sumatra & celle de Java, les a fait nomer *îles de la Sonde.*

Les principales viles sont, dans l'île de Sumatra Achem à l'extrémité septentrionale, dans celle de Borneo, Borneo au nord-est, & dans celle de Java Bantam sur le détroit de la Sonde, & à son orient Batavia. Achem & Borneo sont capitales chacune d'un roiiaume de leur nom. Batavia est une très-belle vile, le centre de tout le comerce que les Holandois font aux Indes, & la capitale de tous les etats qu'ils y posédent, & qui y sont en grand nombre & considérables.

IV. Les Moluques que l'on apelle encore les îles de l'Epicerie, apartiennent presque toutes aux Holandois. Célébes ou Macassar la plus occidentale de toutes, en est la plus grande. Les plus considérables de celles qui sont à l'orient en començant par le nord sont, Gilolo, Céram, & au midi de Céram, Amboine & Banda.

V. Les îles Philippines apartiennent aux Espagnols hors deux, qui sont les îles de Mindanao

Mindanao & de Saint-Jean les plus orientales de toutes, & qui ont leurs rois particuliers. La plus considérable est Manille ou Luçon, qui est aussi la plus septentrionale de toutes. Les Espagnols y ont bâti sur la côte occidentale la vile de Manille, qui est le siége d'un archévêque, & la demeure du vice-roi.

VI. Les îles Marianes sont au nombre de seize ou vingt, & très-pauvres. Les Espagnols y ont un gouverneur à Guahan la plus grande, & ils en font un pont de comunication entre l'Amérique & l'Asie.

VII. Les îles du Japon sont à l'orient de la Chine septentrionale, & au midi du Kamtzchatka. Elles sont sous la domination d'un empereur qui est très-puissant. Leur grande richesse vient des mines d'argent & d'étaim.

Les principales de ces îles sont au nombre de trois, celle de Niphon est la plus septentrionale & la plus grande; les deux autres sont celles de Bongo & de Tensa.

Les principales viles de Niphon sont Méaco autrefois capitale, & Yédo qui l'est aujourd'hui. Nangasaki est la capitale de l'Ile de Bongo, & le lieu où les Holandois font leur comerce.

L'AFRIQUE.

L'Afrique est une grande presqu'île qui tient à l'Asie par l'Isthme de Suez, qui est entre la mer méditerranée & la mer rouge.

Elle a deux fameux caps, le Cap-vert, c'est le plus occidental, & le cap de Bonne-espérance, qui est le plus méridional.

Ses deux principaux fleuves sont le Nigèr proche le Cap-vert, & le Nil vers la mer rouge.

Le Niger après avoir coulé long temps du levant au couchant, se partage en trois branches, dont la plus septentrionale s'apelle le Sénégal : celle du milieu riviére de Gambie, & la plus méridionale Rio grande.

Le Nil coule du sud au nord, & se décharge dans la méditerranée par deux embouchures de sept qu'il avoit autrefois.

Nous partageons l'Afrique en sept parties, dont trois sont arrosées par le Nil, & confinent à la mer rouge ; ce sont du nord au sud l'Egipte, la Nubie & l'Ethiopie ; deux sont à l'occident des trois précédentes, savoir la Barbarie à l'occident de l'Egipte, & la Nigritie à l'occident de la Nubie & de l'Ethiopie : les deux autres plus méridionales sont la Guinée à l'ouest, & le paiis des Cafres à l'est.

Les principales viles de l'Egipte sont sur la méditerranée Aléxandrie, Rosette & Damiette; sur la côte orientatale du Nil le Caire, & à l'extrémité de la mer rouge Suez port de mer, qui done son nom à l'isthme. Le Caire est la capitale de l'Egipte, & la vile où se fait le plus grand comerce de ce riche paiis.

I. La Nubie comprend le roiiaume de Dongola & celui de Sennar.

II. L'Ethiopie est un roiiaume dont le monarque est apellé le grand Négus & l'empereur des Ethiopiens; les peuples y sont chrétiens, mais infectez des erreurs de Dioscore.

III. Nous comprenons sous le nom de Barbarie, ce que l'on divise comunément en trois grandes régions, chacune desquelles s'étend d'occident en orient, depuis l'océan jusqu'à l'Egipte, & que l'on apelle Barbarie, Bildulgérid, & le Sara ou le désert.

La partie septentrionale qui est la plus peuplée & la mieux conue, comprend six roiiaumes, qui se suivent en cet ordre de l'ouest à l'est, savoir ceux de Maroc, de Fez, d'Alger, de Tunis, de Tripoli & de Barca. Le roiiaume de Maroc est contigu à l'océan, celui de Fez est borné à l'ouest par le même océan, & au nord par la méditerranée. Les quatre autres ont la méditerranée au nord.

Les roiiaumes de Maroc & de Fez sont unis ensemble, & composent ce qu'on apelle les etats du roi de Maroc. Ils ont pour capitale chacun une vile de même nom, & située à peu près au centre de chaque etat. On trouve encore dans le roiiaume de Fez sur l'océan Salé, dont les habitans sont de fameux corsaires ; puis plus au nord Arzilla place forte, & enfin sur le détroit, & vis à vis de Gibraltar, Ceuta, qui est aux Espagnols.

Les roiiaumes d'Alger, de Tunis & de Tripoli sont gouvernez en forme de république par un chef qu'ils apellent Dey, & sous la protection du Turc. Ils tirent leur nom de leurs capitales qui sont Alger, Tunis & Tripoli, toutes trois sur la méditerranée. Pour le roiiaume de Barca, il apartient au Turc.

IV. La Nigritie est bornée au levant par la Nubie & l'Abissinie, s'étend vers l'occident au nord & au sud du Niger, qui lui done son nom, jusqu'à ce que ce fleuve se partage en plusieurs branches, & perde son nom. Cette région se partage en plusieurs roiiaumes, qui ne sont point assez conus pour en parler.

V. Nous comprenons ici sous le nom de Guinée trois grandes régions.

La premiére qui est la plus septentrionale comprend les paiis arrosez par le Sénégal, le Gambia & les autres branches du Niger ; elle est bornée au nord par la Barbarie, à l'ouest par l'océan, & à l'est par la Nigritie dont la plûpart des géographes en font la partie occidentale. Les François y possédent la petite île de Saint-Louis, qui est à l'embouchure du Sénéga, & un peu plus au midi celle de Gorée.

La seconde région est au midi de celle-ci & de la Nigritie, & c'est celle que les mêmes géographes apellent Guinée. On y voit le petit Dieppe qui est aux François, puis le petit Sestre & le grand Sestre, deux ports fréquentez par les Européans. Plus à l'orient sont Saint-George de la mine & le fort Nassau, tous deux aux Holandois, Cap-Corse aux Anglois, & Fridericsbourg aux Danois.

La troisiéme partie qui est la plus méridionale, est la basse Guinée autrement le Congo : les viles les plus remarquables sont sur la côte Loango, Loanda & Benguéla, toutes trois aux Portugais, & dans les terres San-Salvador.

VI. La Cafrerie comprend tous les paiis qui sont situez au sud & à l'orient de la basse Guinée jusqu'à la mer des Indes, de façon qu'elle confine à la Nigritie orientale & à l'Abissinie. Ces paiis peuvent se diviser en maritimes & en méditerranez.

Les paiis maritimes comprènnent cette longue côte qui régne le long de la mer des Indes jusqu'à la mer rouge. Cette côte se divise en quatre parties, qui sont en comencant où finit la basse Guinée, la côte des Cafres, qui s'étend en demi cercle au sud de l'Afrique, puis la côte de Sofala, lé Zanguébar, & la côte d'Ajan.

I. Ce qu'il y a de plus remarquable dans la côte des Cafres se réduit au seul Cap de Bonne-espérance, où les Holandois ont un fort sur la côte occidentale & des habitations qui se peuplent de plus en plus.

II. La côte de Sofala forme un roiiaume qui a pour capitale Sofala vile possédée par les Portugais, qui y font un grand comerce d'or & de dents d'éléphans.

III. La côte de Zanguébar à environ cinq cens lieues, s'étendant depuis le 18 dégré de latitude méridionale jusqu'au deuxiéme de latitude septentrionale. Elle comprend six roiiaumes, ce sont du sud au nord ceux de Mongale, de Mozambique, de Quiloa, de Mombaze, de Mélinde & de Chélicie : ce dernier est fort petit, & aux environs de l'équateur. Ces roiiaumes ont pour capitale chacun une vile de même nom, hors celui de Chélicie, dont la capitale s'apelle Barraboa. La vile de Mozambique est aux Portugais. Le roi de Quiloa est leur tributaire, & celui de Mélinde est sous leur protection.

IV. La côte d'Ajan renferme quatre differens etats qui sont du sud au nord la république de Brava, elle est sous la protection des Portugais, & les roiiaumes de Magadoxo, d'Adea & d'Adel.

La partie méditerranée de la Cafrerie comprend du nord au sud les roiiaumes de Gorham, de Gingiro & de Macoco; puis les empires du Monoémugi & du Monomotapa, dont on ne conoit guéres que les noms.

Les îles de l'Afrique.

Les îles de l'Afrique sont les unes dans l'océan & au couchant, & les autres dans la mer des Indes & au levant.

Les îles de l'Afrique situées dans l'océan sont, 1°. L'île de Madère au couchant du roiiaume de Maroc. 2°. Les îles Canaries au midi de Madère. 3°. Les îles du Cap-vert au couchant du fameux Cap de ce nom. 4°. L'île de Saint-Thomas, elle est justement sous la ligne. 5°. Enfin l'île de Saint Helêne au sud-ouest de la précédente.

L'île de Madère, les îles du Cap-vert, & celle de Saint-Thomas sont aux Portugais; les Canaries sont aux Espagnols, & l'île de Sainte-Helène est aux Anglois.

Celles qui sont dans la mer des Indes sont, 1°. l'île de Zocotora à l'orient de la côte d'Ajan. 2°. Les îles de l'Amirante au midi de Zocotora. 3°. L'île de Madagascar à l'orient de Zanguébar, & enfin l'île de Bourbon : elle est à l'orient de Madagascar, & apartient à la compagnie françoise des Indes.

L'île de Madagascar est la plus grande que l'on conoisse : Ses habitans sont gouvernez par diférens princes, & à un peu de judaïsme & de mahométisme près ils sont paiiens.

L'AMERIQUE.

L'Amérique est bornée à l'orient par la mer du nord, & à l'occident par la mer du Sud. Sa division est en Amérique septentrionale & en Amérique méridionale. Ces deux Amériques sont deux grandes presqu'îles, jointes ensemble par l'isthme de Panama ou de Darien.

L'Amérique septentrionale.

L'Amérique septentrionale est divisée en terre-ferme & en îles. Nous començons par la terre-ferme.

Nous divisons la terre-ferme de l'Amérique

rique septentrionale en Espagnole, en Françoise & en Angloise.

L'Amérique Espagnole comprend trois grandes régions, deux à l'occident, savoir le nouveau Méxique au nord, & au sud le vieux Méxique ou la nouvelle Espagne, & la troisiéme beaucoup plus petite est la Floride, qui est détachée des deux autres, & est bornée par la mer du nord au levant, & par le golfe de Méxique au sud.

Santa-Fé de Granata est la capitale du nouveau Méxique, & Mexico l'est du vieux: au sud-est de Mexico est la Vera-Crux avec un port célébre. Saint Augustin sur la mer du nord est la plus forte place de la Floride.

L'Amérique Françoise contient deux grandes régions, l'une occidentale, c'est la Louisiane qui est arrosée par la fameuse riviére de Missisipi ; & l'autre orientale, c'est le Canada qui l'est par celle de Saint-Laurent.

La nouvelle Orléans sur le Missisipi, à quarante lieues de son embouchure, est la capitale de la Louisiane, & Québec sur la riviére de Saint-Laurent l'est du Canada.

L'Amérique Angloise comprend aussi deux grandes régions ; la premiére est l'Estotilande ou la terre de Labrador. Elle est au nord du Canada, & on y voit sur la Baie d'Hudson à l'occident le Fort-Bourbon, & au midi le fort Saint-Louis & le fort-Louis. La seconde est la nouvelle Angleterre, qui s'étend le long de la mer du nord, depuis le Canada jusqu'à la presqu'île de Floride.

La nouvelle Angleterre contient neuf provinces, qui se suivent en cet ordre, en començant par le nord, l'Acadie, la nouvelle Angleterre propre, la nouvelle Yorck, le nouveau Jersey, la Pensylvanie au couchant de la nouvelle Jersey, la Mariland, la Virginie, la Caroline & la nouvelle Géorgie. Boston dans la nouvelle Angleterre est la capitale de tous ces paiis.

II. Les îles de l'Amérique septentrionale.

Les îles de l'Amérique septentrionale sont situées dans la mer du nord, & elles se divisent en cinq corps ou assemblages, ce sont 1°. L'île de Terre-neuve à l'orient du Canada, 2°. Les Açores à l'orient de la nouvelle Angleterre, 3°. Les Bermudes à l'orient de la Caroline, 4°. Les Lucaies à l'orient de la Floride, 5°. Et enfin les Antilles à l'orient du vieux Méxique.

Les Açores ou Tércères apartiennent aux Portugais : elles sont par le 35 dégré de longitude & le 38 de latitude nord. Elles sont au nombre de neuf, la principale s'apelle Tércère, & a pour capitale Angra, evéché & résidence du gouverneur de ces îles.

L'île de Terre-neuve, les Bermudes & les Lucaies apartiennent aux Anglois. A l'occident de la Terre-neuve est le Grand-banc, où se fait la pêche des morues.

Les Antilles se divisent en grandes & en petites. Les grandes sont au nombre de quatre, savoir Cuba, c'est la plus occidentale, à son midi la Jamaïque, puis à l'est Saint Domingue, autrement l'île Espagnole, & Portoric. La Jamaïque est aux Anglois, les Espagnols ont en entier Cuba & Portoric, & partagent l'île de Saint Domingue avec les François, de façon qu'ils ont la partie orientale, & les François la partie occidentale. La capitale de Cuba est la Havanne au nord-ouest, & celle de Saint Domingue est San-Domingo sur la côte méridionale : cette ville est archévéché & la résidence du gouverneur Espagnol. Dans la partie qui est aux François on voit Léogane, le grand & le petit Goave.

Les petites Antilles sont partagées entre les François, les Anglois, les Espagnols, les Holandois & les Danois.

La Martinique est la principale des Antilles françoises, & la plus florissante de nos colonies. Les autres îles Françoises sont du nord au sud, Saint-Martin en partie, Saint-Barthélemi, la Guadeloupe, la Désirade, Marie galande, Sainte-Alousie, Saint-Vincent & la Grenade.

La Barbade la plus orientale de toutes les Antilles, est la plus belle colonie des Anglois. Les autres îles Angloises sont l'Anguille, Saint-Christophle, Newis, la Rodonda, Monferrat, puis vers l'orient la Barboude & Antigoa.

Les îles Holandoises sont au nombre de sept, savoir Saint-Martin en partie, Saba, & Saint-Eustache au midi de Saint-Martin, Tabago la plus méridionale, puis vers le golfe de Venezuéla, Aruba, Curaçao ou Courassau & Bonaire : Curaçao est la meilleure de ces îles, elle a un bon port & une forte citadelle.

La Margaréta & la Trinidad, deux îles voisines de la terre-ferme sont aux Espagnols.

Les Danois ont Sainte-Croix & Saint-Thomas, toutes deux à l'est de Portoric.

L'Amérique méridionale.

L'Amérique méridionale a trois principales riviéres, qui se perdent toutes trois dans la mer du nord : ce sont du nord au sud l'Orénoque, la riviére des Amazones & Rio de la plata ou la riviére d'argent.

Sa division est en sept grandes régions, que l'on trouve en cet ordre. La Terre-ferme au nord, puis au levant de la mer du sud le Pérou & le Chili ; la terre Magellanique est au sud ; de là en remontant vers le nord pour faire le tour, le Paraguai ou la province de Rio de la Plata, le Bresil & la province des Amazones.

De ces sept grandes régions, il y en a cinq aux Espagnols, savoir la Terre-ferme, le Pérou, le Chili, la Terre Magellanique & le Paraguai; le Bresil est aux Portugais, & le paiis des Amazones est encore à ses anciens habitans.

I. La Terre-ferme se divise en deux grandes régions qui sont la Castille d'or au couchant de l'Orénoque, & la Goïane à l'est de la même riviére.

La Castille d'or comprend huit grands gouvernemens, dont six sont bornez par la mer du nord, savoir la Terre-ferme particuliére, Carthagéne, Sainte-Marthe, Rio de la Hacha, Venezuéla & la nouvelle Andalousie; les deux autres sont plus méridionaux, savoir le Popaïan sur la mer du sud, & à son orient le nouveau roiiaume de Grenade.

Les principales viles de la Terre-ferme sont, dans l'isthme Panama sur la mer du sud, & vis à vis Porto-belo sur le golfe de Méxique. Carthagéne sur le même golfe est la capitale de sa province avec un des plus beaux ports de l'univers. Santa-Fé de Bogota est capitale du nouveau roiiaume de Grenade. Les Espagnols n'ont rien dans la Goian, mais les Holandois y ont sur la côte Boron, Barbice, Surinam & Aprowack, & les François l'île de Caïenne.

II. Le Pérou est la plus riche & la plus considérable région de l'Amérique méridionales. Ses viles les plus remarquables sont Quito sous la ligne, puis vers le milieu & sur la côte Lima capitale, & dans la partie méridionale Potosi, & à son nord-est la Plata archévéché. La vile de Potosi est la plus riche & la plus peuplée du Pérou, & fameuse par ses montagnes inépuisables en mines de l'argent le plus pur.

III. Les meilleures places du Chili sont sur la côte Coquimbo, Valparaiso, la Conception & Baldivia, quatre ports de mer, & au sud-est de Valparaiso est Sant-Iago, capitale du Chili. Il y a dans toute cette province une grande quantité de mines d'or.

IV. Désaguadéro est la seule colonie que les Espagnols aient dans la terre Magellanique. Au sud est le détroit de Magellan par où l'on passe de la mer du sud dans la mer du nord; & au midi de ce détroit est une île apelée la *Terre de feu*.

V. Buenos-Ayres sur la rive occidentale de Rio de la Plata est la capitale du Paraguai.

VI. On trouve dans le Bresil sur la côte orientale du nord au sud Olinde ou Pernambouc, & San-Salvador capitale &

archévéché. Près & au midi de San-Salvador est la Baie de Tous les Saints. Sur la côte méridionale est Rio Janeiro.

LES TERRES POLAIRES.

OUTRE les quatre parties de la terre que nous venons de décrire, il y a encore plusieurs régions que l'on a découvertes depuis environ deux siécles, & que l'on n'a pas encore raportées à aucune de ces quatre parties ; les unes, parce qu'on ne les conoît pas encore assez bien pour déterminer à qu'elle partie elles apartiennent, come les terres arctiques ; les autres, parce qu'elles en sont trop eloignées, come plusieurs îles entre l'Amérique & l'Asie, & les terres antarctiques ou australes. Je vai marquer la position de chacune de ces îles, en començant par les Terres arctiques, & en passant de là à celles de la mer du sud, & aux Terres australes.

I. On apelle Terres arctiques les régions septentrionales situées vers le Pole arctique, & nouvellement découvertes. Ces régions sont, 1°. Le Groenland à l'ouest, & au nord de l'Islande, dont il n'est eloigné que d'environ cinquante lieues, il apartient au roi de Danemark, 2°. Le Spitzberg au nord de la Norwége : c'est où les Anglois & les Holandois vont à la pêche des baleines.

II. Les Terres de la mer du sud sont celles qui sont situées dans cette mer entre l'Asie à l'ouest, & l'Amérique méridionale à l'est, & au sud de l'équateur. Ces Terres sont,

1°. La terre des Papous à l'orient des Moluques : on ne sait si elle est île ou continent.

2°. La nouvelle Guinée à l'orient de la terre des Papous.

3°. La Carpentarie au sud de la nouvelle Guinée.

4°. Puis encore plus au sud la nouvelle Holande.

5°. Les îles de Salomon à l'orient de la nouvelle Guinée.

6°. Et enfin à l'orient des îles de Salomon sont celles de Horn, de Cocos, des Traîtres, & des Chiens.

VII. On entend par Terres australes les régions nouvellement découvertes vers le Pole antarctique, savoir :

1°. La Terre de feu au sud de la Terre Magellanique.

2°. La nouvelle Zélande au couchant de la Terre de feu.

3°. La Terre des etats à son orient.

4°. Enfin le Continent austral, au sud du Cap de Bone-espérance, & par le quarante-huitiéme dégré de latitude sud.

FIN.

Après la déscription de l'Europe on a omis ce qui suit.

Maintenant que nous avons vû toute l'Europe, nous alons en voir encore une fois les principales riviéres, les chaînes de montagnes, les volcans, les diférens gouvernemens, & les religions.

Grandes riviéres de l'Europe.

Il y a en Europe trente & une grandes riviéres qui portent leurs eaux à la mer.

De ces trente & une riviéres, il y en a quatre dans les îles Britanniques ; ce sont en Irlande le Shannon ; en Ecoss le Tai, & en Angleterre la Saverne & la Tamise.

Les vingt-sept autres sont dans la Terre-ferme, & ce sont en començant par le nord la Duin, elle se jette dans la mer blanche, les quatre suivantes se jettent dans la mer Baltique, la Dua, le Niémen, la Vistule & l'Oder.

Les cinq qui suivent, tombent dans la mer d'Alemagne, l'Elbe, le Wéser, l'Ems, le Rhein & la Meuse.

La Seine tombe dans la Manche.

Pour les sept suivantes elles tombent dans l'Océan, la Loire, la Garonne, le Minho, le Douro, le Tage, la Guadiana & le Gualdalquivir.

Quatre tombent dans la méditerranée : ce sont l'Ebre, le Rhône, l'Arno & le Tibre ; & deux dans le golfe de Venise : ce sont le Pô & l'Adige.

Trois se déchargent dans la mer noire, le Danube, le Niester & le Niéper.

La derniére est le Don qui sépare l'Europe d'avec l'Asie, elle se perd dans la mer d'Azof.

Pour conoître la droite & la gauche d'une riviére, tournez le dos vers l'endroit d'où elle vient, & alors la droite de la riviére répond à votre droite, & sa gauche à votre gauche. Ainsi à Paris le Louvre est à la droite de la Seine, & les Invalides sont à la gauche.

Il y a en Europe six longues chaînes de montagnes. Ce sont 1°. les Ofrines qui séparent la Norwége de la Suéde, 2°. les Pirénées qui séparent la France de l'Espagne, 3°. les Alpes qui séparent l'Italie d'avec la France, la Suisse & l'Alemagne, 4°. l'Apennin, qui comence aux Alpes près de Nice, & qui traverse l'Italie dans toute sa longueur, 5°. les monts Crapacs qui séparent la Pologne de la Hongrie, & 6°. les monts Castagnas qui séparent la Turquie d'Europe en septentrionale & en méridionale.

Les montagnes qui vomissent des feux & des flâmes sont apelées *Volcans*. Il y en a trois en Europe, le mont Hécla en Ilsande, le mont Vesuve près de Naples, & le mont Gibel en Sicile.

Des diférens gouvernemens.

On distingue trois sortes de gouvernemens, le monarchique, l'aristocratique & le démocratique.

Le gouvernement est monarchique, quand une seule persone à toute l'autorité come en France, en Espagne, &c. Si le souverain ne consulte que sa seule volonté, come en Russie, en Turquie, alors le gouvernement est despotique.

Le gouvernement aristocratique est celui où les nobles ont seuls toute l'autorité, come à Venise; & le démocratique est celui où l'autorité est entre les mains du peuple, come à Genève.

Il y a des états où ces trois sortes de gouvernemens sont mélées, come la Pologne où la monarchie & l'aristocratie sont mélées ensemble, la Holande où l'on voit l'aristocratie & la démocratie, & l'Angleterre où le gouvernement est tout à la fois monarchique, aristocratique & démocratique.

Il y a aujourd'hui en Europe trois empereurs, onze rois & huit républiques.

Les trois empereurs sont, 1°. celui d'Alemagne, qu'on appelle simplement l'empereur, celui de Turquie qu'on appelle le grand Seigneur & le Sultan, & celui de la grande Russie qu'on appelle le Czar.

Les onze rois sont en suivant toujours

l'ordre dans lequel nous avons vû les grandes parties de l'Europe, ceux d'Angleterre, de Danemarck, de Suéde, de Prusse, de Pologne, de France, d'Espagne, de Portugal, de Sardaigne, des deux Siciles & de Hongrie.

Des huit républiques il y a en quatre grandes, la Holande, la Suisse, Venise & Gènes ; & quatre petites, ce sont Genéve, Luque, Saint-Marin & Raguse.

Des diférentes religions.

Il y a deux principales religions en Europe, la Chrétienne, & la Mahométane.

La Chrétienne est ou catholique romaine, ou protestante. La catholique romaine est la seule permise en France, en Italie, en Savoie, en Espagne, & en Portugal. Elle est dominante en Pologne, en Hongrie, en Bohême, en Autriche, en Baviére, en Franconie, dans les trois electorats ecclésiastiques, & dans sept cantons Suisses.

La religion protestante est la dominante dans les îles Britaniques dans les provinces unies, dans le Danemarck, la Suéde, les cercles de Westphalie, de basse & haute Saxe, dans la Hesse, dans six des cantons Suisses & à Genève. Elle a encore un grand nombre de sectateurs dans tout le reste de l'Alemagne, en Bohême, en Pologne & Hongrie.

LISTE

ALPHABETIQUE

De tous les noms propres de lieu, dont il est parlé en cet Ouvrage.

Le premier chifre désigne la page, & le second la ligne.

O

C.

D.

l'Hermitage.

S.

la

T.

Z.

ERRATA.

Je prie les persones qui mettront cet ouvrage entre les mains de la jeunesse, de corriger les fautes que je vai indiquer. Le premier chifre marque la page, le second la ligne.

23, 27. *lisez* couchant, *l.* 28, levant. 30, 14. maritimes. 33, 29. *effacez* le. 34, 9. est la. 17. le 55, 35. 3. est Torn. 41, 24. au midi 43, 9. *eff.* en. 48, 7. méridionale. 50, 26. Stadt am Hoff à l'oposite de Ratisbone, Ratisbone, 53, 14. Saatz : un. 56, 25. Des six autres cantons, quatre sont. 27. Des. 59, 10. au nord est le. 61, 15. nom & vers le milieu : elle. 28. est par-30. Venlo au nord & sur. 61, 17. ajoutez. Anvers & Malines, chacune avec un petit territoire font les deux autres provinces. 20. au milieu la Lis, au sud est le Scarpe. 70, 8. l'Aine. 10. l'Oise. 71. Après la premiére ligne alez à la 13, 14 & 15. *Ibid.* 11. qui a à son. 12. evéché, & Chantilli, maison roiiale. 13. trouve. 75, 24. Sare-Albe. 76, 7. Mulhausen. 78, 26 le Croisic. 82, 6. Pierre-Encise. 84, 24. le Couserans. 86, 29. Couserans, 89, 31. Pamiers *lisez* Rieux. 97, 15, Vienne archévéché. 95, 23. est de celui de Toulouse. 98, 2. Urgel, & *effacez* gel qui comence la ligne 4. 99, 27. ont. 106, 26. elle est surnomée *la sup.* 107, 9. & a une univ. 25. Nuovo. 110, 30. Viterbe. 111, 10. Molisse. 18, Pescara. 124, 29. Bassora. 126, 6. Bassora. 133, 13. Calicut. 134, 11. Ménan. 141, 9. Sénégal. 140, 31. Goïane 153, 19. la Duina. 21. la Duna. 154, 29. le mont Hécla en Islande. 155, 29. de la grande Russie.

www.ingramcontent.com/pod-product-compliance
Ingram Content Group UK Ltd.
Pitfield, Milton Keynes, MK11 3LW, UK
UKHW020549180726
13838UKWH00001B/141

9 782329 360416